Le club secret de St Tarcisius

Anne-Isabelle Lacassagne

Le club secret de St Tarcisius

4. À la recherche de l'Esprit Saint

Illustrations : Julie Olivier

CRER
bayard

Texte : Anne-Isabelle Lacassagne
Illustrations : © Julie Olivier

Création maquette : Bénédicte Souffrant - PCA-CMB
Mise en page : PCA-CMB

18, rue Barbès
92120 Montrouge
editions.crer-bayard.fr

Chapitre 1

Où sont passés les servants de messe ?

« Les servants de messe sont en retard », soupire le père Martin en enfilant son aube. Heureusement, il n'est pas inquiet. Il sait que les enfants arriveront au dernier moment, dans un joyeux désordre. D'ailleurs, ce n'est pas la première fois qu'ils courent à toute vitesse sur le chemin de l'église. Il faut dire qu'ils sont toujours occupés par de mystérieuses enquêtes. Le père Martin sourit tout seul dans sa sacristie. Le club secret de saint Tarcisius, c'est comme cela que les enfants s'appellent. Une petite bande de servants de messe qui se prennent pour des détectives. Ils veulent découvrir tous les mystères de la paroisse. Malheureusement, cela finit souvent par des bêtises.

Pourtant, depuis leur dernière affaire à Lourdes[1], ils se sont bien calmés. Cette fois-là, ils avaient battu les records. Le curé en frémit encore. Heureusement, cela s'est bien terminé. Depuis, les enfants ont promis d'être super sages à la messe. Le plus étonnant, c'est qu'ils ont tenu parole. Au fil des semaines, la petite équipe est même devenue concentrée, priante et efficace. Chacun sa tâche, chacun sa mission, tous au service de la célébration ! S'il existait des super servants de messe, ce serait eux ! Le père Martin imagine les six enfants

1. « Le club secret de saint Tarcisius », vol. 3 : *Enquête à Lourdes.*

en costume de héros avec un écusson SSM, Super Servant de Messe. Tous pour Jésus !

Sauf qu'aujourd'hui, leur retard intrigue le père Martin. Sont-ils sur une nouvelle enquête ou ont-ils craqué pour une petite folie ? « Cela devait finir par arriver », soupire-t-il. Ses servants de messe se tiennent à carreau depuis des semaines. Le curé repense à leur attitude à l'église : aucun bavardage, même pas un petit signe secret. Plus de jeu d'aucune sorte, de mini papier lancé comme un message. Plus de vol de cire sur les bougies pour en faire des boulettes et se bombarder discrètement. Eux qui débordaient d'idées farfelues semblent y avoir renoncé.

Au début de cette étonnante transformation, le père Martin avait été plutôt surpris. Il avait même pensé à un miracle. Après tout, ils revenaient tous de Lourdes. Mais même Dieu n'est pas capable de guérir ses servants de messe d'un tel amour de la bêtise. Il y avait donc une autre raison à leur étrange comportement. Pour cela, le curé avait sa petite idée : les enfants voulaient obtenir de lui quelque chose. À force de fureter, ils avaient appris que lui, Martin, avait l'intention de participer à la course de vélo des curés. C'est vrai qu'il aime beaucoup pédaler, et le plus vite possible. Il passe même tout son temps libre à s'entrainer. Comme il le dit souvent, on peut être curé et fan de vélo. Ce qu'il n'avait pas prévu, c'était que les enfants veuillent l'encourager. Ils étaient même emballés. Mais c'était de sa faute. C'est lui qui leur avait lâché à Lourdes :

« Si vous êtes sages, je vous permets de venir. »

Sur le moment, il s'était dit que cela n'arriverait jamais. Ce n'était pas demain la veille qu'ils arrêteraient les bêtises. Pourtant, eux, qui frétillaient à la messe comme des sardines, s'étaient brusquement transformés. C'était comme s'ils avaient reçu un coup de baguette magique. La sagesse leur était tombée dessus d'un coup. Alors le père Martin avait compris qu'ils tenaient mordicus à leur projet. Ils étaient tellement motivés pour aller l'applaudir à la course des curés qu'ils mettaient le paquet. D'ailleurs, ils commençaient déjà à faire des essais de pancarte. Le père Martin avait senti ses cheveux se dresser sur sa tête en les déchiffrant.

Le père Martin pédale comme un lapin !

Nous, on a un curé qui va tout déchirer !

Comment leur dire qu'il préférerait un peu plus de discrétion ? Mais les servants de messe étaient à fond. Le plus enthousiaste de la bande était Émile. Ce n'était pas étonnant, il avait toujours eu le sens de la compétition. En pensant à lui, le curé regarde sa montre. À cette heure-là, d'habitude, Émile est arrivé. Lui est toujours en avance. Avec son regard bleu, son petit air sérieux, ses cheveux bien peignés, il est le bon élève de la bande. Pour lui, être sage et appliqué est aussi naturel que respirer. C'est le seul qui n'a pas changé d'attitude. Il s'est même épanoui ces derniers temps, comme si, enfin, il était dans son élément. La bande s'était mise à son rythme, celui du sérieux et du travail bien fait. Cela le remplissait de joie.

Émile est cérémoniaire. Pendant la célébration, il coordonne les autres servants de messe. Ses yeux sont comme des radars qui détectent le moindre dérapage. Il sait tout. Il voit tout. Non seulement il est le plus ancien, mais il est aussi celui qui a le plus étudié. Émile a une mémoire d'éléphant et ne supporte pas qu'on se trompe. Un vrai tyran, chuchotent ses camarades. Un dictateur capable de faire des remarques non seulement aux enfants mais aussi aux adultes. « Mais c'est parce que je suis perfectionniste », proteste-t-il, ce que ses amis traduisent par maniaque.

La vérité est qu'Émile est surtout un angoissé. Tout imprévu le stresse, alors il prévoit tout. Cela lui permet de bombarder les autres de fiches récapitulatives. La grande joie d'Émile serait d'organiser des interros surprises sur la messe. Évidemment, ce genre de truc rend tout le monde marteau.

« Le compte à rebours a commencé », soupire le curé en regardant sa montre. Moins de cinq minutes avant que démarre le chant d'entrée ! Il devrait déjà être devant l'église. Le père Martin ne va quand même pas remonter l'allée tout seul ! Il aurait l'air de quoi avec son lectionnaire à bout de bras, le livre qui rassemble la Parole de Dieu. L'assemblée se poserait des questions.

« Ce n'est pas comme d'habitude, chuchoteraient les fidèles. Où sont passés les servants de messe ? »

« Saint Tarcisius, marmonne le père Martin, si tu pouvais leur dire de se dépêcher... »

Voilà qu'il invoque le patron des servants de messe. C'est dire à quel point le curé est perturbé. D'habitude, c'est toujours Émile qui lui adresse ses prières, pour conjurer les catastrophes. Enfin surgit une tête aux cheveux noirs en désordre. Un grand sourire aux lèvres pour excuser son retard, Félix déboule dans la sacristie.

– Je suis le premier ? demande-t-il, surpris.

Il fait son malin mais le père Martin voit bien qu'il est nerveux.

– C'est bien la première fois que cela t'arrive, lui dit-il.

Une atmosphère énergique emplit la pièce. Avec ses yeux verts, sa peau foncée et son corps souple, Félix ressemble à un chat sauvage. C'est le grand sportif de la bande. Comme toujours, son ballon de foot n'est pas loin : Félix rêve d'être footballeur professionnel.

– Nulle part, il est écrit que Jésus faisait partie d'une équipe ou qu'il s'entrainait, se lamente-t-il souvent.

– Le foot n'existait pas à son époque, lui a pourtant gentiment expliqué Martin.

– Est-ce que Jésus aimait le sport ? a alors répliqué Félix.

Le curé a réfléchi :

– Jésus était randonneur, a-t-il répondu. Après tout, il marchait tout le temps. Il aimait sûrement aussi l'escalade car il partait en haut des montagnes pour aller prier. Peut-être même qu'il nageait dans le lac de Tibériade...

Cela a un peu réconforté Félix. Depuis, il regarde avec pitié les peintures des apôtres dans l'église.

– Les pauvres, soupire-t-il. Même pas une petite partie de ballon pour se détendre. Toujours à discuter...

Le curé le regarde. Félix est en train de sortir

l'encensoir. Il est thuriféraire. C'est grâce à lui que de l'encens vient envelopper de sa bonne odeur l'ambon et l'autel, la table de la Parole et celle de l'Eucharistie. « Cette fumée grise qui tourbillonne était autrefois réservée à Dieu et aux rois, lui a expliqué le prêtre en lui confiant sa mission. L'encens est signe de respect. Quand on regarde sa fumée monter vers le plafond, c'est comme si elle emportait nos prières jusqu'au ciel. »

– Dépêche-toi, rappelle le curé. On est en retard.

Félix bondit sur ses pieds et réussit l'exploit d'enfiler son aube et sa croix en trois secondes. « S'il existait des jeux Olympiques des servants de messe, pense le curé admiratif, il serait médaille d'or de l'habillage. » Tout est nickel, cordelette bien serrée à la taille, la croix autour du cou, l'aube déployée sans pli autour de lui. D'un geste habile, Félix attrape l'encensoir que le père Martin a allumé.

– On y va, dit-il.

Cela fait un moment qu'on entend des bruits dans l'église. L'assemblée s'impatiente. Il est vraiment temps de les rejoindre. Juste à ce moment-là bondissent à leur tour Lucie et Anna. Les deux filles n'ont pas l'habitude de courir. Elles foncent droit au placard à aubes, le visage rouge et le souffle court.

– Qu'est-ce qui se passe aujourd'hui ? ne peut s'empêcher de demander le père Martin.

– Rien, rien, répond Lucie, mais le père Martin voit bien qu'elle est perturbée. On dirait qu'elles ont les yeux rouges.

Lucie est la plus âgée des servants de messe. Blonde et douce, elle se tient un peu repliée sur elle-même. Elle est si timide. Contrairement à Félix, elle aimerait se transformer en petite souris pour ne pas prendre de place. Mais sa haute taille ne lui permet pas de passer inaperçue. Quoi qu'elle fasse, elle dépasse. Voilà pourquoi le père Martin l'a choisie pour porter la grande croix. Elle la lève avec énergie et c'est ce qu'on voit en premier.

Mais le curé l'a aussi désignée pour une autre raison, plus discrète. Il sait par Émile, qui est dans la même classe qu'elle, que la vie de Lucie est difficile. Elle a du mal à apprendre, du mal à retenir ses leçons. Même si elle travaille beaucoup, ses résultats scolaires sont catastrophiques. Le curé n'en sait pas plus, juste qu'elle s'entend bien avec Émile. Ces deux-là ont conclu un pacte à l'école. Émile l'aide à travailler. En échange, Lucie lui présente ses amis. Car Émile, avec son côté studieux et appliqué, tellement sérieux, n'en a aucun. Cela fonctionne très bien.

Lucie lance une aube à Anna, qui l'enfile en vitesse. Toutes deux sont acolytes. Elles sont comme de petits assistants au service du prêtre. L'esprit d'Anna s'évade déjà, remarque le curé. Quand personne ne fait attention à elle, elle est distraite. Elle aime s'inventer des histoires. Parfois, elle les raconte à ses amis. Le regard noir d'Anna se pose sur le père Martin. Elle a des cheveux de sirène, longs et sombres comme le fond de la mer, et la peau très blanche. Elle a l'air malheureuse. On dirait qu'elle a pleuré.

– Mais qu'est-ce qui vous est arrivé ? chuchote le curé en se dirigeant vers l'entrée de l'église.

– Une catastrophe, murmure Lucie.

– L'horreur de l'horreur, gémit Félix.

– La fin du monde, se lamente Anna.

Le curé n'a plus le temps d'ajouter quoi que ce soit. La procession démarre. Il y a d'abord Lucie en tête avec la grande croix, puis Félix et Anna. Le curé marche en dernier, lentement. C'est là qu'enfin, il aperçoit Émile blotti contre ses parents. Mais qu'est-ce qu'il fait assis au milieu des paroissiens ? Soudain, le prêtre note quelque chose de très bizarre : Émile porte des lunettes de soleil ! À l'intérieur de l'église ! Et pas n'importe lesquelles, celles de ses parents, car elles sont immenses. « Mais qu'est-ce qui se passe ? » se dit le curé, consterné.

Chapitre 2

Les étranges lunettes d'Émile

La messe a démarré.

– Au nom du Père, du Fils et du Saint-Esprit, déclare le père Martin, en traçant une grande croix sur son corps.

Au même moment, Anna et Lucie aperçoivent un enfant qui court comme une fusée. Il fonce en direction de la sacristie.

– Voilà Côme, chuchote Félix.

« On dirait un hamster », pense le père Martin en le reconnaissant. Petit, agile, Côme a toujours la bougeotte. Il aime escalader tout et n'importe quoi, se glisser dans les espaces interdits et rester parfois coincé. Avec sa petite tête d'ange, ses boucles blondes, il inspire confiance. Trop peut-être. Personne ne se méfie quand il furette partout. Il a l'art de poser des questions l'air de rien… Quel gentil petit garçon, pense-t-on. Mais sous ce visage angélique, c'est lui qui a les idées les plus folles. Pourtant, on lui pardonne toujours tout. Peut-être parce qu'il fait rire tout le monde et qu'il est aussi le plus jeune. Peut-être parce que sa maman est gravement malade et que Côme se fait beaucoup de souci pour elle.

Le temps que le prêtre prononce un mot d'accueil, Côme a réussi l'exploit d'entrer, de s'habiller et de ressortir pour rejoindre ses camarades. Un vrai magicien. Il n'est pas seul, constate, étonné le curé. À ses côtés est apparue Juliette. C'est une petite fille rousse aux taches de rousseur et à l'esprit taquin. Côme et elle vivent dans le même immeuble. Ils sont dans la même école. À deux, ils ont une capacité infinie à faire tanguer la messe, comme un bateau qui passe des eaux tranquilles à une mer déchainée. Tous deux portent la lumière durant la messe. Ils sont céroféraires.

« L'équipe est presque complète », remarque le curé, soulagé, même s'ils sont tous en retard. Il y a Anna et Côme, Félix, Juliette et Lucie. Il ne manque que celui qui dirige toute l'équipe d'habitude, Émile. Assis en face d'eux, il se tient droit avec ses lunettes de soleil. « Elles lui font un regard de grosse mouche », pense Anna. Un insecte avec un tout petit corps et deux grands yeux noirs qui les fixent d'un air furieux.

Le prêtre note déjà les détails qui clochent. La grande croix sur son trépied penche un peu. Les servants de messe sont assis n'importe comment. Le père Martin leur fait signe de se répartir harmonieusement puis il redresse la croix. « En général, c'est Émile qui se charge de tout cela », pense-t-il, en se demandant bien pourquoi il a décidé de faire messe à part.

– Je reconnais devant mes frères que j'ai péché...

Le père Martin a lancé la prière pénitentielle. Discrètement, il jette un œil aux servants de messe. Chacun se tient debout, raide et malheureux. Alors il espère qu'ils se souviennent de ce qu'il leur a expliqué :

« Au début de la célébration, on se débarrasse de tout ce qui est lourd en nous. Il y a ce qu'on regrette, tout le mal qu'on a fait. Parfois, c'est une parole blessante, un geste, un oubli. On se présente tout petit devant Dieu, en lui demandant de nous alléger de nos fardeaux. »

Les servants de messe prennent un air sinistre, eux qui ont d'habitude un sourire jusqu'aux oreilles. Même la prière suivante ne les réconforte pas et pourtant c'est une prière de joie. On chante l'amour de Dieu qui nous pardonne toujours. C'est là que le père Martin commence à s'inquiéter. « Sont-ils malades ? » se demande-t-il.

D'habitude, à ce moment-là, ils ont toujours des fourmis dans les pattes. Or les servants de messe restent immobiles, tassés, comme s'ils portaient des kilos de pommes de terre sur le dos. En face, Émile, lui, se tient raide comme un balai. Alors vite, juste avant que les lectures commencent, le prêtre chuchote à Lucie :

– Qu'est-ce qui se passe ?

Lucie rougit mais ne répond pas.

– Pourquoi est-ce qu'Émile porte des lunettes de soleil ? insiste le prêtre.

– Il s'est fait mal à l'œil, chuchote-t-elle, un peu trop vite.

« Est-ce que c'est un mensonge de ne pas dire toute la vérité ? » se demande Lucie. Heureusement, le père Martin n'a pas le temps de lui poser d'autres questions. Un premier lecteur est arrivé à l'ambon. Tout le monde l'écoute lire l'histoire des disciples aux premiers temps de l'Église. Il décrit l'apôtre Pierre qui tient un discours devant la foule. Soudain, une phrase retentit de façon spéciale dans le cœur de Lucie.

« Convertissez-vous donc et tournez-vous vers Dieu pour que vos péchés soient effacés[2]. »

Les paroles de Pierre secouent Lucie comme un prunier. D'ailleurs, elle n'est pas la seule. Les autres aussi se recroquevillent sur leur banc. Lucie se demande s'ils pensent tous comme elle : « Est-ce qu'on peut servir la messe si on a un péché qui nous alourdit le cœur ? » Il n'y a qu'une seule personne qui pourrait lui répondre. Alors, vite, elle avoue au prêtre :

– On s'est super bagarrés. Voilà pourquoi Émile nous fait la tête.

Tout à côté, les autres servants de messe ont suivi leur échange. Ils ont deviné quel était l'objet de la conversation. Le prêtre les regarde sévèrement et ils ont envie de disparaitre sous leurs bancs. Ils imaginent ce qu'il pense : on ne peut pas être dans la dispute et, juste après, servir la messe. Il faut se réconcilier avant. Sauf que quand on voit l'air coincé d'Émile, cela n'est pas si simple.

---

2. Actes de apôtres 3,19.

Anna a fermé les yeux. Elle prie avec l'assemblée en écoutant les paroles du psaume. Assis sur son banc, Côme se souvient de ce qu'il a appris au caté. Les psaumes viennent du peuple de Jésus. Cette prière rassemble leurs difficultés, leurs souffrances, leur confiance et leur joie en Dieu. Aujourd'hui, pense-t-il, sa difficulté, c'est Émile. Il a envie de le pulvériser pour en faire de la pâtée pour chien. C'est tout ce qu'il mérite. Mais il sait aussi que Jésus lui demande d'agir autrement. Et il songe à tout cela en écoutant le psaume.

« Quand je crie, réponds-moi, Dieu, ma justice[3] ! »

Lucie a envie de crier très fort sa colère, sa rancune. Félix, lui, se sent comme une petite bombe sur le point d'exploser. Juliette répète doucement les paroles du psaume :

« Dieu ma justice. »

Puis, elle murmure : « Aide-moi à demander pardon à Émile, même s'il est le roi des cornichons. »

---

3. D'après le psaume 4,2.

Petit à petit, les servants de messe s'apaisent. Ils prennent conscience qu'on ne peut entrer dans la messe en colère. Il faut laisser sa fureur à la porte. Chacun à leur tour, ils lâchent prise. Ils écoutent. Vient ensuite la deuxième lecture que proclame le lecteur. Soudain, les enfants tressaillent devant une petite phrase :

« Celui qui dit : "Je le connais", et qui ne garde pas ses commandements, est un menteur[4]. »

« Moi, je connais Jésus, se dit Félix. Je sais qu'il me demande d'aimer ceux qui m'entourent de toutes mes forces. Mais avec Émile, c'est trop dur. Je ne sais pas comment faire. »

« Viens nous aider, Jésus, chuchote Juliette, à transformer ce vieux hibou d'Émile en chouette rieuse. »

Soudain, tout le monde se lève pour chanter. Juliette et Côme portent les cierges et encadrent le père Martin jusqu'à l'ambon. Mais leurs bougies ne sont pas très droites et le prêtre est obligé

4. D'après la première lettre de Jean 4.

de leur faire signe pour qu'elles ne tombent pas par terre. Côme manque d'ailleurs de s'étaler.

– C'est Émile, murmure Côme en guise d'excuse. Il me fait peur avec ses gros yeux.

Enfin le père Martin proclame l'Évangile. Les enfants écoutent comment Jésus, après sa mort, apparait brusquement aux disciples. Une fois sa lecture terminée, le prêtre hésite. Il avait préparé une homélie, mais il n'a plus envie de la lire. Il se dit qu'il va s'adapter un peu. Et soudain, il se lance :

– Imaginez les apôtres cachés dans une maison, commence-t-il. Ils ont peur d'être arrêtés. Voilà qu'ils se disputent. Ils se reprochent de s'être mal comportés. Après tout, ils ont abandonné Jésus. Pierre l'a même renié en disant haut et fort qu'il ne le connaissait pas. Et soudain Jésus leur apparait. Au début, ils sont absolument terrifiés. Est-ce un fantôme venu leur reprocher toutes leurs fautes ?

Félix ne peut s'empêcher de frissonner. Il n'est pas très à l'aise avec les fantômes.

– Mais Jésus les rassure, continue le curé. C'est bien lui ! Ressuscité ! Et non une ombre.

« Ils ont dû être tellement soulagés », pense Côme. Le père Martin regarde l'assemblée :

– Jésus devrait en vouloir aux disciples, dit-il. Il devrait être furieux contre eux. »

Les enfants jettent un œil discret à Émile. Il se tient raide comme s'il avait avalé un parapluie. Est-ce qu'il ne se prendrait pas un peu pour Jésus ? Il a une façon de les fixer comme s'il allait brusquement se lever et les accuser de traitrise. Même avec ses lunettes de soleil, on sent son regard, lourd et furieux. Mais le père Martin les surprend :

– Or Jésus ne leur fait pas de reproche.

Félix se demande comment il fait. Le curé ajoute alors :

– Au lieu de les gronder, Jésus va leur faire un cadeau.

Les servants de messe dressent l'oreille. Alors le père Martin ajoute d'un air mystérieux :

– La paix soit avec vous, dit Jésus.

Le silence se fait dans l'église. Les servants de messe écoutent de tout leur cœur.

– Offrir la paix, explique le curé, ce n'est ni oublier ni effacer les problèmes. Jésus sait ce que les disciples ont fait. Mais il voit aussi qu'ils sont bloqués dans la peur et les remords. Ils ne savent pas comment en sortir.

« Nous aussi on est bloqués, murmure Juliette.

– Et on regrette tellement, chuchote Lucie. »

Les servants de messe hochent doucement la tête. Comment faire pour se réconcilier ? Le père Martin donne alors un indice :

– Jésus invite ses disciples à partager un repas.

« Manger, c'est toujours une bonne idée, remarque Félix, qui est souvent affamé.

– Ça fait longtemps qu'on ne s'est pas fait un petit pique-nique, lance Côme.

– Ce qu'Émile préfère, c'est le goûter, se souvient Anna. »

Le curé conclue son homélie :

– Enfin Jésus explique ce qui lui est arrivé, sa mort, sa Résurrection. Et parce qu'ils sont en paix, qu'ils ont mangé ensemble, les disciples peuvent enfin comprendre.

« Il faut qu'on fasse pareil avec Émile, chuchote alors Côme.

– Le ramollir avec des gâteaux, décide Félix.

– Et quand il est tout attendri, continue Juliette, on lui parle.

– On l'écoute, corrige Anna.

– Et il nous écoute lui aussi. »

Le père Martin retourne s'assoir. Une petite musique retentit. Chacun réfléchit. Lucie se penche vers le prêtre et chuchote :

– Merci.

Le curé sourit. Il bénit Dieu pour l'avoir inspiré. Cette fois, il a bon espoir de les réconcilier. Il faut juste qu'ils s'expliquent et se demandent pardon. Juste à ce moment-là, les lunettes d'Émile glissent, révélant un énorme bleu. Son œil droit est même complètement violet. Le curé n'en revient pas.

Ce n'est pas une petite dispute, comprend enfin le père Martin. Alors il chuchote à Lucie :

– Mais qu'est-ce que vous avez fait ?

– Émile a pris un coup, avoue Lucie. On regrette tellement.

Le père Martin a un hoquet de surprise. Qu'ils se disputent, passe encore, mais qu'ils soient violents est inacceptable. « Et c'est avec eux que je dois célébrer la messe aujourd'hui », soupire le curé. Puis il pense à Jésus et ses disciples. Eux aussi étaient pleins de péchés. Qu'est-ce qui les a transformés ? Alors, tout doucement, il dit :

– Que la paix de Jésus soit avec vous, celle qui guérit toutes les disputes.

Chapitre 3

La fin du club secret ?

Le reste de la messe se déroule correctement. Les servants de messe font de leur mieux pour éviter de nouvelles boulettes, mais ils sont distraits. Comme le curé le leur a discrètement indiqué, ils ne communient pas. On ne peut pas recevoir Jésus si on est encore empli de fureur. Être violent, c'est un péché, leur rappelle-t-il. Après le chant de sortie, les servants de messe, tout penauds, suivent le curé à la sacristie.

– On fait le cercle ? propose Côme.

C'est une habitude qu'ils ont prise avant et après chaque messe. Comme un cercle qui se reforme, on prend conscience du groupe, de sa force. On s'appuie les uns sur les autres. C'est une idée de Félix, qui l'a prise des joueurs de foot. Sauf que les enfants se regroupent autour de Jésus. C'est lui leur chef.

– On ne peut pas faire le cercle sans Émile, répond doucement Lucie.

Justement le voilà. Émile se tient timidement devant la porte. Les enfants fixent ses lunettes de soleil. Sur le côté droit, on aperçoit sa peau gonflée et rouge. Il y a un silence, puis lentement Juliette dit :

– Je suis désolée, Émile. Je te demande pardon.

Et tous les autres, un à un, répètent : « Je suis désolé. »

Tous regrettent du fond du cœur. Tous regardent Émile. C'est dur de savoir ce qu'il pense. Ses lèvres sont serrées. Lui, qui a toujours eu le teint pâle, est blanc comme un linge.

– Je ne veux plus jamais vous parler, annonce-t-il.

Et il précise au curé qu'il démissionne de sa charge de cérémoniaire.

– Je ne veux plus faire partie du club secret non plus, ajoute ensuite Émile, au désespoir des autres.

Soudain, les enfants ont des mots plein la bouche. Tous veulent le supplier de rester mais juste à ce moment-là, la mère d'Émile entre comme un ouragan. Elle attrape son fils et les fusille du regard.

– Émile a failli perdre un œil à cause de vous, gronde-t-elle.

– Maman, tu exagères, proteste Émile.

Sa mère ne l'écoute pas. Elle prend une voix menaçante pour leur annoncer :

– Je vais appeler vos parents et vous allez vous faire gronder comme jamais !

Puis elle sort, furieuse, avec son fils. Dans la sacristie, plus personne ne bouge. Alors le père Martin ose demander :

– Si vous me racontiez ce qui s'est passé ?

– Il y a un nouveau qui est arrivé dans notre classe, commence Lucie.

– Il s'appelle Tom, précise Côme.

Félix fait la grimace puis il confie :

– Émile est en admiration devant lui.

– C'est parce qu'il a une lunette télescopique pour regarder les étoiles, explique Lucie.

– Depuis qu'il le connaît, Émile ne nous parle plus que de ça, gronde Côme.

– Il n'a plus de temps pour nous, râle Juliette.

– En classe, Émile ne s'intéresse qu'à lui, ajoute Lucie.

Elle a la voix qui tremble, comme si elle allait pleurer. Le curé comprend qu'il y a autre chose. Félix se penche et lui murmure :

– Tom et Émile se sont moqués d'elle. Tom a même dit que Lucie était trop bête pour comprendre comment marche une lunette.

Tous sont absolument furieux.

– C'est une petite fouine, ce Tom, grogne Côme.

– Un serpent plutôt, corrige Félix, à la langue fourchue.

– Un crapaud baveux, propose Juliette.

Le curé ne veut pas entendre ce genre de chose.

– Qu'est-ce qui s'est passé ensuite ?

– On a décidé de coincer Émile pour lui parler, répond Lucie.

– C'était une bonne idée, au départ, se défend Félix.

– Mais on s'est disputés, corrige Côme. Émile ne voulait rien changer.

– Je l'ai un peu poussé, gémit Juliette.

– Émile est tombé en arrière, précise Félix.

– Il s'est pris la lunette astronomique dans l'œil, indique Anna.

– Il la tenait dans sa main, soupire Lucie.

– C'est de sa faute, râle Anna. S'il avait lâché la lunette, il ne se serait pas fait mal.

– Mais il l'a serrée contre lui comme son trésor, soupire Côme.

– Quand il s'est relevé, il était tellement en colère ! se souvient Anna.

– Il criait qu'on avait voulu casser la lunette de Tom, dit Félix.

Un silence s'installe. Le curé en profite pour leur suggérer d'attendre un peu pour demander de nouveau pardon à Émile. Il les rassure. Il va finir par se calmer. Mais Lucie n'est pas convaincue.

– Il ne nous pardonnera jamais d'avoir failli casser la lunette, se lamente-t-elle.

– Sans compter son œil, ajoute Anna.

– Émile est rancunier comme un éléphant, se rappelle Juliette.

– Et il y a aussi sa mère, gémit Félix. Un vrai dragon !

– Elle ne lui permettra jamais de revenir jouer avec nous, en conclut Lucie.

– Quand je pense qu'Émile nous avait tous invités chez lui en Bretagne, marmonne Juliette.

– On devait loger dans sa maison pour la course des curés, regrette Côme.

Le curé retient un petit sourire. C'est la seule bonne nouvelle de cette lamentable dispute. Ses servants de messe ne viendront pas l'encourager avec leurs pancartes de folie. Il pose son regard doux sur chacun d'entre eux.

– Laissez-lui un peu de temps. Émile va faire la part des choses. Un jour, il vous écoutera de nouveau.

Tous le regardent. Leurs visages sont fermés, leurs poings serrés. Il n'y a pas qu'Émile qui est bloqué dans sa colère, comprend le prêtre. Alors il leur dit d'une voix ferme :

– Il n'y a qu'une personne qui peut vous sortir de là. C'est l'Esprit Saint.

Côme s'agite. Il n'ose pas dire qu'il ne sait pas très bien qui c'est.

– Celui du signe de croix, murmure Lucie. Au nom du Père, du Fils et du...

– Saint-Esprit, se rappelle Côme. Tu sais à quoi il ressemble ? chuchote-t-il.

Le curé lui sourit d'un air taquin. Il a très bien entendu.

– Et si c'était là le prochain mystère à résoudre pour le club de saint Tarcisius ?

Depuis le temps qu'il leur répète qu'il est palpitant de partir à la recherche des mystères de Dieu ! C'est quand même plus intéressant que d'espionner tout le quartier... Tout le monde regarde Lucie. C'est elle le chef secret du club, elle qui prend les décisions les plus importantes. Voilà qu'elle hésite. Elle non plus ne sait pas très bien qui il est. Alors le curé ajoute pour les convaincre :

– L'Esprit Saint est un peu comme la bonne fée des contes...

– On peut tout lui demander, devine Côme, plein d'espoir.

– Ou comme le vieux sage des histoires, continue le père Martin.

– Celui qui donne des conseils, comprend Anna.

– Quelqu'un de beaucoup plus grand, plus sage et plus fou qu'on peut l'imaginer, explique le prêtre. Il est celui qui vous aidera à vous réconcilier. Mais, pour le connaitre, il faut partir à sa recherche.

– Comme dans les histoires, en affrontant mille et une aventures ? s'emballe déjà Félix.

Le père Martin répond : « Exactement. »

Les membres du club secret se regardent. Ça a l'air intéressant.

– Chercher l'Esprit Saint, prévient le prêtre, c'est aller de surprise en surprise.

Le curé leur fait un petit clin d'œil pour les encourager.

– Car il est souvent là où on ne l'attend pas, précise-t-il.

Les enfants sentent un frémissement les parcourir. La curiosité revient en eux, l'envie d'essayer et surtout l'espoir. S'ils veulent retrouver leur copain, il faut qu'ils partent à la rencontre de l'Esprit Saint ! Ils sont prêts à chercher de toutes leurs forces celui qui les rassemblera.

– Le club secret de saint Tarcisius n'est pas mort, s'écrie Félix, tout content.

– C'est parti mon kiki, lance Lucie d'une voix pleine d'espoir.

Chapitre 4

En quête d'un nouvel allié

Les jours suivants, les servants de messe se retrouvent au parc. Tous sont catastrophés. L'œil poché d'Émile a scandalisé les parents. Pour une fois, ils étaient bien d'accord. Leurs enfants ont eu un comportement lamentable. Résultat, ils sont sévèrement punis.

– Pourtant, on n'a pas fait exprès, gémit Côme.

– On a un peu poussé Émile, quand même, lui rappelle Lucie.

– Mais ce n'était pas pour lui faire mal, proteste Anna.

– C'était un accident, dit Félix.

– Ce n'est vraiment pas de bol qu'il se soit cassé la figure, soupire Anna.

– Se prendre un télescope dans l'œil..., soupire Juliette.

Les servants de messe se regardent. Depuis qu'ils ont été à Lourdes tous ensemble[5], ils connaissent bien les parents d'Émile. Ceux-ci veulent que leur fils soit toujours premier partout, y compris quand il se dispute. Sa mère lui reproche de ne pas savoir s'imposer. « Elle a dû être super énervée », pense Lucie. « Émile ne lui a sûrement pas avoué la vérité », se dit Anna. « Il s'est fait mal pour protéger... un télescope. Mais c'est tellement Émile, songent ses copains avec nostalgie. Ce truc-là, c'était son trésor. »

---

5. Voir « Le club secret de saint Tarcisius », vol. 3 : *Enquête à Lourdes.*

– Pauvre Émile, plaisante Juliette. Ce n'est pas un guerrier.

– Tu te rappelles quand sa mère lui a fait prendre des cours de karaté ? ajoute Lucie.

– Il aimait bien bondir en criant « Karatéka ! », se rappelle Félix.

Tous rigolent.

– Il n'est pas un gros musclé, reconnaît Félix. Mais cela ne veut pas dire qu'il n'est pas fort.

– Émile se défend avec ses mots, précise Côme.

– Des flots de paroles, confirme Juliette, qui nous engloutissent. On ne peut pas l'arrêter.

– Le pire, c'est qu'il a tout le temps raison, râle Lucie.

Tous pensent la même chose : bizarrement, Émile leur manque. Alors, parce qu'ils sont tristes, chacun fait le point de ses malheurs.

– Je suis privée de télévision pendant une semaine, clame Lucie.

– Et moi d'ordinateur, se lamente Côme.

– Horreur, malheur, répète Anna, désespérée.

– Pas moi, ajoute doucement Juliette.

– Comment cela ? demandent les autres. La mère d'Émile n'a pas prévenu tes parents ?

– Si, mais...

Juliette hésite avant de continuer. Comment pourrait-elle leur expliquer ?

– Disons que j'ai un secret pour ne jamais me faire gronder...

Les servants de messe l'observent, très étonnés. C'est quand même elle qui a poussé Émile... elle qui devrait être super punie. Qu'est-ce que c'est que ces parents ? Côme fait un petit signe aux autres. Ils comprennent qu'il y a autre chose derrière ce que dit Juliette. Elle vit dans le même immeuble que lui. C'est lui qui la connaît le mieux. Il sait que ses parents se disputent beaucoup parce qu'on entend leurs cris à travers la cloison. D'ailleurs, Juliette n'est pas très bien en ce moment. Elle se chamaille avec tout le monde à l'école. C'est peut-être pour cela qu'elle a poussé Émile plus fort qu'elle n'aurait voulu.

– Maintenant, on doit se tenir à carreau, soupire Anna. On l'a promis à nos parents.

– Et on n'a plus Émile pour nous prévenir quand on part sur une bêtise, ajoute Lucie.

– Sans lui, on est perdus.

– Comme des spaghettis sans leur sauce tomate, gémit Juliette.

– Des chaussettes dépareillées, ajoute Anna.

– Il faut qu'il revienne, décide Lucie.

– Et pour cela, on n'a qu'une seule possibilité, en déduit Félix.

– Partir à la recherche de l'Esprit Saint, comprend Anna.

Le problème est qu'ils ne savent pas par quel bout commencer. D'habitude, à chaque enquête, ils foncent tout feu tout flamme. Ils ont mille et une idées. La difficulté, c'est plutôt d'éliminer les plus farfelues. Là, ils ont le sentiment de partir vers un territoire inconnu, comme s'ils étaient des explorateurs qui s'en vont au bout du monde. L'Esprit Saint les attire et les effraie un peu. Félix l'imagine comme un grand magicien. Il faut une immense magie pour arriver à adoucir le cœur d'Émile.

– On ne sait même pas à quoi cet Esprit Saint ressemble, constate Côme.

– Ni où il vit, continue Félix.

– Ni ce qu'il fait, ajoute Anna.

Lucie ouvre son petit carnet. Elle essaie de mettre les choses dans l'ordre, de poser les bonnes questions. Elle commence par le début :

– Au nom du Père, du Fils et du Saint-Esprit... Voilà ce qu'on dit tout le temps, à chaque prière.

Tout de suite, Anna remarque un truc bizarre :

– On dit « au nom de », au singulier et pourtant ils sont trois, Père, Fils et Esprit.

– Peut-être qu'ils sont très proches, propose Félix.

– Le Père, c'est facile, commence Anna. C'est Dieu, celui qui a créé le monde.

– Le Fils, c'est Jésus, ajoute Juliette.

Ils le connaissent bien. Après tout, sa vie a été racontée par ses amis les disciples.

– Mais l'Esprit Saint... s'interroge Félix. Moi, je ne vois pas qui c'est.

– Tu crois qu'on a son image dans l'église ? s'interroge Anna.

Lucie sourit :

– Et si on demandait à Joseph, celui qui joue de l'orgue, de nous renseigner ?

Joseph est à la retraite. À ses moments perdus, c'est lui qui fait visiter leur église. Il sait tout sur l'origine des vitraux et celle de chaque peinture. S'il y en a un qui peut débusquer une trace de l'Esprit Saint sur les murs ou même un minuscule bout de plafond, c'est lui, pensent les servants de messe. Tout le monde se tourne alors vers Juliette. C'est la seule qui le connaît. La seule aussi qui sait le prendre dans le bon sens du poil. Car Joseph peut être super bougon.

– Comme un vieux bouledogue, rappelle Juliette.

Elle seule a su l'apprivoiser. Ces deux-là partagent le goût des statues et leurs petits détails, ceux que personne ne voit et qui racontent une histoire. Sauf que Juliette fait soudainement la grimace.

– Je me suis un peu disputée avec lui, avoue-t-elle.

Décidément, Juliette se fâche avec tout le monde, pense Côme. Qu'est-ce qu'elle a fabriqué cette fois encore ? En même temps, cela devait finir par arriver. Depuis le temps qu'elle habille la statue de saint Bruno d'écharpes multicolores, Joseph a dû finir par comprendre que c'était elle. Comme les autres la regardent, Juliette est bien obligée d'expliquer :

– J'ai juste glissé les petits prospectus du quartier dans les bras de saint Bruno. Il s'embête tellement le pauvre. Comme cela, ça lui fait un peu de lecture.

– T'as encore escaladé la statue ? devine Anna.

– J'y vais en chaussettes, proteste Juliette, vexée.

Elle a son air buté des jours de colère, remarque Côme. Lucie soupire. Elle commence à en avoir marre du sale caractère de Juliette.

– Bon, alors, qu'est-ce qu'on fait ? s'exclame Lucie.

Il y a un grand silence. Joseph est un peu le gardien de leur église. Dans ses mauvais jours, il est redoutable, comme une sorte de monstre qui crache des flammes si on s'approche d'un peu trop près de ses trésors.

– C'est à moi de l'affronter, murmure soudain Juliette.

Elle s'est décidée d'un coup. Pour retrouver Émile, elle est prête à traverser mille et une difficultés. C'est sa façon de montrer qu'elle tient à lui, qu'elle regrette de l'avoir poussé et qu'elle veut qu'il revienne. Lucie hoche la tête, toute contente. Côme sourit à Juliette. Il est fier de sa copine.

– Et vous, qu'est-ce que vous allez faire pendant ce temps ? demande cette dernière.

Les autres se regardent. Qu'est-ce qu'ils pourraient essayer d'autre ?

– Plonger dans la Bible ? suggère Anna.

Elle a raison, pense Lucie. Dans ce grand livre est racontée l'histoire de Dieu et des hommes.

Les servants de messe se souviennent de ce que leur disait Émile. Lire la Bible, c'est écouter le témoignage de ceux qui ont vécu avant nous. Ont-ils rencontré l'Esprit Saint ? Et comment ? À quel endroit ? Sauf que ce livre est immense. Qui pourrait les guider ? Tous se tournent vers Félix.

– Il y a Fred, ton animateur caté. Lui est super fort. Il connaît plein de trucs et sait où chercher.

– Il nous a déjà aidés pour l'affaire des santons[6], se rappelle Juliette.

– Bon alors, tu t'en charges, Félix ?

Mais celui-ci rougit :

– Je suis un peu en froid avec Fred, avoue-t-il.

– Qu'est-ce que tu as fabriqué ? demandent les autres, super intrigués.

– Disons que... la semaine dernière, j'ai « oublié » de venir au caté. Alors cela a un peu crispé Fred.

---

6. Voir « Le club secret de saint Tarcisius », vol. 1 : *Une mystérieuse disparition.*

Lucie regarde Félix droit dans les yeux.

– Ce n'est pas la première fois que tu lui racontes n'importe quoi, devine-t-elle.

– J'avais un match avec mes copains, se défend Félix.

– Il faut que tu te rabiboches avec lui, déclare Anna.

Juliette sourit :

– Chacun a ses dragons, lui chuchote-t-elle. Moi, c'est Joseph et toi, c'est Fred.

Alors Félix hoche la tête.

– J'ai plein de dragons, répond-il. Tous ceux qui me tombent dessus chaque fois que je fais une bêtise.

Puis il demande aux autres :

– Et vous, vous faites quoi pour trouver l'Esprit Saint ?

– Moi, j'aimerais faire une recherche sur Internet, répond Côme. Le problème, c'est que je suis puni d'ordinateur. Mais bon, j'arriverai peut-être à convaincre Maman de m'aider.

Il sait très bien ce que cela lui coutera :

– Je suis bon pour mettre la table et débarrasser toute la semaine, soupire-t-il.

– Et toi, Lucie, tu proposes quoi ? lance Félix.

– Je n'ai pas beaucoup de temps. Cette semaine, j'ai le baptême de mon petit cousin.

Soudain, le visage de Juliette s'illumine. Elle vient de se rappeler un truc :

– J'ai été à un baptême il y a quinze jours. On a parlé de l'Esprit Saint.

– Et alors ?

Juliette fait la grimace :

– J'ai rien écouté...

Lucie se redresse. Ce sera sa mission à elle : ouvrir grand ses oreilles pour récolter tout ce qu'elle peut sur cet Esprit Saint. Il ne reste plus qu'Anna. C'est là qu'elle explique, avec un regard pétillant :

– Au lieu de chercher partout l'Esprit Saint, ce serait peut-être plus simple de l'appeler.

– Comment faire ? demande Lucie.

– On ne sait même pas où il est, observe Félix.

– On n'a pas son téléphone, lui rappelle Juliette.

– Ni son adresse, continue Lucie.

– Bref, t'es pas près de trouver sa boite aux lettres, conclut Félix.

Mais Anna a sa petite idée. Elle prend un air mystérieux pour dire qu'elle va lui laisser un message. Qui sait ? Cela peut marcher, pensent les autres. Et ils se séparent pleins d'une énergie nouvelle. Ce soir-là, quand les servants de messe se couchent, ils se sentent mieux. Pourtant, la situation n'a pas changé. La maman d'Émile est toujours en colère contre eux. Émile est fermé comme une huitre. Et ils doivent toujours se tenir à carreau. Mais quelque chose s'est allégé dans le cœur des membres du club de saint Tarcisius. Ils s'endorment en paix.

Dans leur sommeil, tous font de drôles de rêves. Juliette s'envole dans l'église. Félix sent quelqu'un le pousser avec douceur en avant. Lucie, elle, nage dans de l'eau si pure qu'elle voit tous les poissons. Côme se tient près d'un feu avec sa famille. Ils regardent les étincelles qui brillent dans la nuit. Anna plie des messages en forme d'oiseaux. Puis elle les pose un peu partout dans le quartier. Ils s'envolent dans le vent. Alors Anna les suit des yeux. Elle a confiance. Viens à notre aide, répète-t-elle dans son sommeil. Où que tu sois, Esprit Saint, viens à notre secours. Ouvre le cœur d'Émile afin qu'il nous écoute. Ouvre notre cœur afin qu'on le comprenne.

Chapitre 5

L'inquiétant Monsieur Joseph

Le lendemain, quand Juliette rentre de l'école, elle entend le bruit de l'orgue en passant devant l'église. C'est le bon moment, comprend-elle. Joseph est sûrement en train de répéter sa musique. Elle pourrait le rejoindre pour lui parler... Mais voilà qu'elle sent un pincement dans son ventre. La dernière fois qu'elle a vu Joseph, cela ne s'est pas très bien passé. Son estomac se noue. Ils se sont même franchement disputés. Mais il faut dire qu'elle avait tenté d'escalader la statue de saint Bruno.

– Saint Bruno n'est pas un escabeau ! avait crié Joseph, indigné.

– Il me fait la courte échelle, avait-elle eu le culot d'expliquer.

Juliette l'entend qui joue au-dessus de sa tête. « C'est beau », pense-t-elle. Elle est bien dans l'église vide. On dirait que Joseph dit quelque chose à travers sa musique. L'air est si paisible. On a envie de s'assoir et de se reposer, de prier ou juste de contempler tout ce qu'il y a autour de soi. Juliette soupire. Quelqu'un qui joue une si belle musique ne peut pas être Joseph la terreur, celui qui lui est tombé dessus la semaine dernière. Tout en écoutant, Juliette admire autour d'elle les statues, les peintures. Elle se souvient de ce que Joseph lui avait expliqué un jour de bonne humeur :

– Autrefois, on ne savait pas lire ou on n'avait pas de Bible car c'était quelque chose de rare et de précieux. On racontait donc l'histoire de Jésus à travers les œuvres d'art. Chaque saint se reconnaissait à un détail qui le représentait, les clés de saint Pierre, le manteau bleu de la Vierge, l'épée de saint Michel...

Juliette avait alors regardé saint Bruno d'un autre œil. Les saints font de merveilleux panneaux d'affichage, avait-elle découvert. C'est comme cela qu'elle avait eu l'idée. Depuis, elle glissait régulièrement dans ses mains des prospectus, certains pour une fête de quartier, d'autres pour une association.

– Les saints sont là pour nous donner des idées, avait eu l'audace de répliquer Juliette.

C'est là que Joseph avait explosé comme un volcan déchainé. Vite, Juliette avait filé se mettre à l'abri. À la porte, elle n'avait pas pu s'empêcher de murmurer :

– J'aurais pu mettre un livre de blagues. Je suis sûre que saint Bruno aurait apprécié.

Elle avait juste oublié qu'en tant que musicien, Joseph avait l'oreille fine. Il n'avait pas trouvé cela drôle. Depuis, il montait la garde auprès de saint Bruno. Comme un faucon, il fondait sur elle si jamais elle s'en approchait. C'était un gardien terrifiant.

Juliette soupire. Il lui faut affronter son dragon. Joseph est un vieux croûton, mais facile à trouver. Il suffit de suivre la musique. Pour jouer de l'orgue, il faut gagner le balcon qui surplombe l'église. On y pénètre par un petit escalier étroit. Mais la porte en est toujours fermée.

« Tiens, cette fois elle est ouverte », constate Juliette en se glissant comme une petite souris à l'intérieur.

Une fois en haut, la vue sur l'église est magnifique. Juliette comprend enfin pourquoi Joseph repère si facilement ses bêtises. À l'orgue, on voit tout sans être vu. Elle l'aperçoit, assis de dos. Ses mains courent sur les touches de l'orgue. La musique emplit toute la salle. Elle donne envie de fermer les yeux et de s'envoler.

Juliette s'assoit tout près, pour écouter encore. Elle ne fait aucun bruit. Elle attend patiemment.

Le balcon de l'orgue est la cachette secrète de Joseph, devine-t-elle, en le regardant jouer si paisiblement, sa cabane perchée tout en haut de l'église, son petit coin tranquille. Enfin, la dernière note retentit dans la pénombre de la grande salle. Joseph a fini de jouer.

Il y a un silence. Juliette attend. Elle sent qu'il est encore dans sa musique comme s'il écoutait quelque chose à travers le silence. Elle ne veut pas le déranger. C'est un peu mystérieux.

– As-tu l'intention d'escalader l'orgue, cette fois ?

Son petit ton ironique rassure Juliette. Joseph n'est plus en colère contre elle. Elle comprend qu'il l'a entendue monter. Elle se dit aussi qu'en l'écoutant jouer, elle a gagné sa confiance. En attendant, sagement assise, elle a respecté son travail de musicien. Elle ne l'a ni troublé ni interrompu. Et elle a, à sa grande surprise, apprécié sa musique. Il l'a senti. Voilà pourquoi il lui sourit. Elle a terrassé son dragon, pense-t-elle émerveillée.

– J'aime bien votre musique, lui dit-elle.

De la douceur passe dans le regard du vieux monsieur. Il est heureux de partager ce qu'il aime avec elle. Alors Juliette saisit sa chance :

– Est-ce que je peux vous poser une question ? demande-t-elle timidement.

Il la regarde, un peu étonné.

– Vous m'aviez dit que l'église est un livre d'images...

Il sourit :

– C'est vrai.

– Alors, si je cherche l'Esprit Saint, où est-il ?

Joseph a l'air étonné. Il la fixe, un peu inquiet soudain. Est-ce que c'est pour une nouvelle bêtise ? Mais Juliette a l'air sérieuse, alors il réfléchit. Puis il lui montre un oiseau aux grandes ailes déployées. Il est peint tout en haut de la voûte de l'église, comme s'il planait au-dessus de leurs têtes.

– Le voici.

– On dirait une mouette, remarque Juliette.

– Une colombe, précise Joseph. C'est sous cette forme qu'il apparait lors du baptême de

Jésus. C'est ce qui est écrit dans l'Évangile de Luc.

Puis Joseph lui montre une peinture sur le côté.

Juliette la reconnaît. Elle représente un ange qui annonce à Marie qu'elle va avoir un bébé.

– Où est le Saint-Esprit ? dit Joseph.

Juliette met un petit moment à le trouver.

– Le moineau tout en haut ?

– Bingo, répond Joseph.

– Pourquoi il est si petit ?

Joseph explique :

– L'Esprit Saint s'approche de Marie, avec délicatesse, comme un minuscule oiseau pour lui faire un immense cadeau.

Mais Joseph précise : « On ne dit pas dans l'Évangile à quoi il ressemble, mais le peintre l'a dessiné ainsi. »

– Pourquoi il a choisi un oiseau ? demande Juliette.

– Peut-être parce que les oiseaux volent dans le ciel et se posent sur la terre, propose Joseph.

Pour les gens d'autrefois, le ciel était ce lieu très lointain où vivait Dieu.

– Et les oiseaux sont ceux qui peuvent voler de l'un à l'autre, comprend Juliette.

– C'est juste une image pour dire que Dieu est présent dans nos vies et qu'il nous parle.

– L'Esprit Saint est le messager de Dieu, résume Juliette. Sa voix est comme le chant d'un oiseau à notre oreille.

Joseph a un petit air joyeux :

– Il est bien plus que cela, dit-il.

Et il lui montre un petit saint de pierre, qui se tort comme s'il frétillait de joie. Cette fois, Juliette a beau chercher, elle ne trouve pas d'oiseau.

– Regarde mieux, dit doucement Joseph. On dirait que quelque chose le pousse en avant.

Tous deux contemplent ce petit bonhomme qui se tortille joyeusement.

– Comme s'il prenait un coup de vent, remarque Juliette. L'Esprit Saint n'est pas un courant d'air, quand même ?

– Si, s'amuse Joseph. C'est le vent qui nous secoue et nous fait danser de joie.

Et Juliette rit parce que Joseph, son vieux dragon, vient soudain de faire quelques pas d'une valse imaginaire.

– Le vent, c'est le souffle, explique Joseph. D'ailleurs, on respire tous. C'est la première chose qu'on fait en naissant. Et le souffle, c'est la vie.

Juliette trouve cela bien compliqué. Un oiseau, un souffle et puis quoi encore ?

– L'Esprit Saint nous surprend sans cesse, dit doucement Joseph.

– Comme s'il jouait à cache-cache avec nous, propose Juliette.

Alors, elle ose demander :

– Et pour vous, il ressemble à quoi ?

– Moi, je l'entends dans la musique, répond Joseph.

– Comment cela ? demande Juliette, intriguée.

– Il m'inspire de nouvelles mélodies. Il me pousse à jouer différemment...

Juliette repense à ce moment où elle l'a écouté

jouer de l'orgue. Oui, elle aussi se sentait en paix. Est-ce que c'est cela, l'Esprit Saint, une présence invisible qui rend heureux ? Qui donne envie de danser ? Ou au contraire de s'arrêter pour écouter. Les yeux de Joseph pétillent. Soudain, il prend sa partition et la glisse dans les bras de la statue de l'ange à côté d'eux.

– Celui-là, cela fait trop longtemps qu'il s'ennuie, chuchote-t-il.

Juliette rit avec lui.

– L'Esprit Saint est partout à la fois, reprend Joseph. Tout petit comme un oiseau, rapide et puissant comme le vent…

– Comment on sait qu'il est là ? demande Juliette, intriguée.

– Notre vie change quand il est à nos côtés, répond Joseph. Ce qui était triste devient gai. Ce qui était perdu redémarre autrement…

– Et on peut se réconcilier quand on était fâché, continue Juliette pleine d'espoir.

– Et transformer les bêtises en belles surprises.

Juliette hoche la tête. Elle est sur la bonne piste. L'Esprit Saint n'est pas loin. Joseph et elle redescendent ensemble l'escalier. Mais en ouvrant la porte, soudain, le vieux monsieur dit :

– C'est bizarre, elle est ouverte. D'habitude, je la verrouille toujours derrière moi.

Juliette et Joseph se regardent. Ils pensent à la même chose : peut-être Joseph a-t-il oublié de la fermer ou peut-être pas... Juliette sourit. Si l'Esprit Saint l'a aidée à franchir cette porte, il peut ouvrir le cœur d'Émile.

Chapitre 6

Rendez-vous avec un dragon

Félix respire un bon coup avant d'entrer dans la salle de caté retrouver Fred. Il a tout préparé : il va s'excuser de ne pas avoir été présent la dernière fois, sans raconter n'importe quoi. Il était absent parce qu'il n'a pas pu résister à un match de foot absolument palpitant. Félix baissera la tête et écoutera avec attention ce que dira

Fred : il ne doit pas « oublier » les séances de caté. Et il promettra de ne pas recommencer.

Ensuite, il espère que son animateur lui fera un petit clin d'œil et passera l'éponge. Car Fred est aussi un joueur de foot. Il sait ce que c'est que de devoir s'arrêter en pleine partie. D'ailleurs, c'est lui qui organise les retransmissions des grands matchs à la paroisse. Ces soirs là, tout le quartier est invité à venir les regarder. Avec l'accord de leur curé, Fred branche même le vidéoprojecteur du caté pour qu'on puisse bien voir. Félix a confiance. Il saura trouver des arguments pour apaiser Fred. Et à la fin de la séance, il pourra même poser ses questions. Il les a écrites sur un petit papier :

D'où sort l'Esprit Saint ? À quoi sert-il ? Comment peut-il nous aider ?

Ça va le faire, se répète Félix, avant de tapoter doucement la porte de la salle de caté. Il a tout prévu, même d'arriver en avance pour avoir le temps de se rabibocher avec Fred. Mais quand il ouvre la porte, il tombe nez à nez avec... la mère d'Émile. Catastrophe, pense Félix. Il sait qu'elle est la responsable caté. Mais qu'est-ce qu'elle fait là, à la place de son animateur habituel ?

– J'ai dû me tromper de salle, marmonne Félix, en battant en retraite, en catastrophe.

– Non, c'est bien ici.

Son petit ton sec laisse entendre qu'elle considère Félix comme une sorte de frelon qu'elle préfèrerait chasser à coups de torchon. Malheureusement, elle doit l'accueillir.

– Fred est absent aujourd'hui. Et c'est moi qui le remplace.

La mère d'Émile lui fait signe d'avancer. Il n'ose même pas la regarder. Horreur, pile dans la gueule du loup ! pense-t-il. Une sirène d'alarme hurle dans sa tête : « Fuis à toute vitesse ! Tant pis pour tes questions. » Mais Félix ne bouge pas, tétanisé. Et il se dit : « Mais pourquoi est-ce que cela tombe sur moi un truc pareil ? Et que fabrique Fred ? » Soudain, il pense à un truc bizarre : et si son animateur était parti jouer au foot au lieu de faire caté ? Exactement comme lui la semaine d'avant...

– Qu'est-ce que tu attends ? Installe-toi, ordonne la mère d'Émile, tout en se demandant ce qu'il fabrique à rester là, empoté au possible.

« Elle chauffe », angoisse soudain Félix. Ce n'est pas un dragon qu'il doit affronter, c'est la mère de tous les dragons. Elle ne crache pas encore de flammes, mais ce n'est pas loin.

Alors il obéit et s'assoit à la table. Tous deux restent silencieux. Ils ne sont pas très à l'aise ni l'un ni l'autre. La mère d'Émile tourne les pages de son manuel comme si elle révisait sa séance ou... comme si elle la découvrait. « Elle n'a peut-être pas beaucoup travaillé avant », se dit Félix. Auquel cas, il est en danger, parce qu'elle va lui poser des questions.

– Est-ce tu te rappelles où vous vous êtes arrêtés la fois dernière ?

Et paf ! son pire cauchemar est arrivé, comprend Félix. Puisqu'il est incapable de répondre, elle va en déduire qu'il était absent la dernière fois. Si elle lui demande pourquoi, il est cuit. Dans quelques secondes, il va se faire ratatiner. Déjà, elle le fixe avec son œil d'aigle de plus en plus sévère à mesure qu'il reste muet. On dirait Émile, pense soudain Félix. Il a la même façon de regarder les gens en attendant la bonne réponse. Félix ferme les yeux comme s'il pouvait lui échapper.

Il se rappelle alors ce que Juliette lui a raconté de sa rencontre avec Joseph : l'Esprit Saint transforme tout. Il renverse tout. Alors il pense très fort : « Esprit Saint, sauve-moi la mise. Souffle-moi quoi lui répondre. » Brusquement, une idée lui vient. Il lui suffit de faire comme avec Émile :

– Il y a une chose que je n'ai pas très bien comprise, commence-t-il.

La mère d'Émile fonce droit dans le piège. Il ne s'est pas trompé. Elle ne peut pas résister à une bonne question.

– Laquelle ? demande-t-elle, curieuse.

Félix sort son petit papier. Il n'a pas trente-six questions sous la main.

– D'où vient l'Esprit Saint ? commence-t-il.

La mère d'Émile a un air surpris. Elle oublie d'un coup à qui elle parle, un de ces petits monstres de servants de messe. Vite, elle répond parce qu'elle ne peut pas s'en empêcher :

– Au tout début de la Bible, il est écrit : « Au commencement du monde... le souffle de Dieu planait au-dessus des eaux[7]. »

Puis elle explique : l'Esprit a toujours été là, dès le début, comme un souffle.

– Et après ? s'intéresse Félix. Qu'est-ce qui s'est passé ?

– Dieu a créé le premier homme, répond la mère d'Émile.

– Adam, se souvient Félix.

La mère d'Émile hoche la tête. Elle est agréablement surprise qu'il s'en souvienne.

– Dieu a modelé cet homme avec de la terre, précise-t-elle. Pour lui donner vie, il a fait quelque chose de très particulier.

Elle s'est arrêtée. C'est à Félix de deviner la suite. Est-ce qu'il est capable de trouver la réponse ? se demande-t-elle. Félix a soudain un peu peur. Il

7. Genèse 1,-2.

se souvient d'un conte où un dragon posait des énigmes à celui qui venait le défier. Si on échouait à trouver la bonne réponse alors le dragon vous dévorait. Félix se concentre. Et la réponse lui vient toute seule, si facilement.

– Dieu souffle sur lui, propose Félix.

Elle lui sourit. Il n'y a rien qu'elle aime plus qu'un enfant curieux. Félix sent qu'elle est de meilleure humeur. Alors elle continue à raconter :

– Quand Dieu a inventé le monde, cela lui a pris sept jours. Le dernier jour, il s'est arrêté pour se reposer. Puis il s'est retiré du monde. Il l'a laissé tourner tout seul.

– Il nous a abandonnés ? s'exclame Félix très surpris.

La mère d'Émile sourit. Puis elle ajoute doucement :

– C'est un peu comme apprendre à marcher tout petit. À un moment, il faut lâcher les mains de ses parents pour faire ses premiers pas sans eux.

– Alors Dieu nous a laissés tout seuls ? râle Félix.

La mère d'Émile le regarde puis elle précise :

– Comme un père attentif, Dieu a continué de veiller sur les hommes et les femmes. Il élevait parfois la voix pour les prévenir s'ils n'étaient pas sur le bon chemin.

– Il a quelle voix, Dieu ? demande Félix.

– Celles des prophètes, répond la mère d'Émile.

Félix se rappelle qui sont ces prophètes.

– Ceux qui parlent au nom de Dieu.

Soudain, il pense à autre chose. Il se souvient de sa maman qui soufflait sur ses bobos quand il était petit. Cela lui redonnait du courage. L'Esprit souffle sur nos peurs et il nous pousse en avant, se dit-il. Voilà pourquoi il a osé questionner la mère d'Émile, le dragon des dragons.

D'autres enfants commencent à arriver. C'est bientôt l'heure, note la mère d'Émile. La séance va commencer. Alors elle dit simplement pour clore la discussion :

– Avec Jésus, l'Esprit Saint nous offre des dons...

Aussitôt Félix dresse l'oreille. Quels dons ? La tête de Félix s'emballe. Il rêve que l'Esprit Saint lui permette de voler dans les airs ou de devenir invisible. Ce serait pratique pour faire revenir Émile. C'est quand même mieux qu'un télescope.

Mais la mère d'Émile interrompt la discussion. Les autres enfants sont arrivés. La séance de caté va démarrer. Juste au moment où cela devenait intéressant, se lamente Félix. Et il fait comme les autres. Il participe à toute la séance en y mettant sa meilleure volonté. Tout à la fin, quand ils se mettent à prier, la mère d'Émile dit :

– Viens Esprit Saint, viens aider tous ceux qui en ont besoin.

Et elle invite ceux qui le désirent à déposer une intention de prière. Dans le groupe de Félix, beaucoup ont des soucis. Fanny confie sa grand-mère qui est malade, Max son papa qui est absent. Quentin prie pour sa marraine qui cherche du travail. Félix hésite. Il laisse passer son tour. Il n'ose pas, ne se décide pas. À la fin, il murmure tout bas.

– Aide-nous à nous réconcilier avec Émile.

Félix et la maman d'Émile se regardent. Ils se sourient.

– Au nom du Père, du Fils et du Saint-Esprit, dit lentement celle-ci pour clore la prière.

La séance de caté est terminée. Félix sort de la pièce tout songeur. Il se rappelle Émile, sa façon de poser des questions, de tout savoir. Maintenant qu'il connaît sa mère, il comprend que c'est elle qui lui a donné le goût d'apprendre. Soudain, une fille de son groupe interrompt brusquement ses pensées.

– Tout le monde a vu, dimanche dernier, que vous vous êtes rentrés dedans avec Côme.

Félix fait la grimace. De quoi se mêle-t-elle ? Le pire, c'est qu'elle dit vrai. Il aimerait bien que personne ne l'ait remarqué, mais c'est pourtant l'horrible vérité. Côme et lui se sont cognés comme deux auto-tamponneuses. Tout cela parce que Côme marchait sans regarder avec les burettes et que lui rangeait l'encensoir. Heureusement, le père Martin les a discrètement rattrapés.

– Ça va se tasser, répond-il d'un petit ton sec.

Mais la fille ajoute, comme si elle distribuait les bons points :

– Sans Émile comme servant de messe, c'est un peu... n'importe quoi.

– Vous faites pitié, dit sa copine à côté.

– Mais lui est tellement bien..., chuchote la fille. D'ailleurs, quand est-ce qu'il revient ?

Félix sent une sorte de choc électrique le traverser. Quelle surprise ! Il avait toujours cru que c'était lui, Félix, que tout le monde admirait, le beau gosse de la bande, le populaire. Or il découvre avec déplaisir qu'Émile a son fan-club lui aussi. Félix commence par faire la grimace. Il n'aime pas la concurrence. Puis il sourit parce qu'il imagine la tête d'Émile quand il le lui racontera. Surprendre Émile est si rare... Donc il y a des filles qui l'admirent...

Soudain Félix prend conscience de tout ce qui s'est passé à cette réunion de caté. Rien n'a été comme il l'avait prévu. Il n'a pas affronté ce petit dragon de Fred mais le plus terrible d'entre eux, la mère d'Émile. Et il a réussi à la calmer en utilisant les armes d'Émile : la curiosité, le questionnement, la parole. Il s'est mis à sa place.

Et voilà qu'en partant, il découvre qu'Émile est désormais le préféré des servants de messe dans le cœur des filles… Le monde à l'envers, soupire Félix.

Alors il se souvient de ce que lui a dit Juliette. L'Esprit aime tout renverser pour nous offrir un regard neuf sur nos vies. Est-ce que ce n'est pas ce qu'il est, lui, Félix, en train de vivre ? Chercher l'Esprit Saint, ce n'est pas que plonger dans les temps anciens de la Bible, comprend-il, c'est découvrir sa trace dans nos vies. Félix sourit. Des surprises, c'est tout ce qu'il aime. Il en redemande !

Chapitre 7

Une surprenante réponse

Ce jour-là, quand les servants de messe se retrouvent à la sacristie, ils en profitent pour partager leurs découvertes sur l'Esprit Saint. Côme a réussi, non sans mal, à convaincre sa mère de faire une recherche sur Internet. Et qu'est-ce qu'il a trouvé ?

– Plein de chants et des danses ! dit-il tout

content en se tortillant comme un ver de terre pour leur montrer. Avec Maman, on s'est lancés en mettant la musique à fond.

Tout le monde cherche une explication à cet étrange phénomène. « S'agit-il des mystérieux dons de l'Esprit ? » se demande aussitôt Félix, intrigué. La joie de Côme est contagieuse. Il a envie de danser lui aussi. Comment est-ce possible ?

– L'Esprit Saint est comme un souffle, propose Juliette. Il te pousse peut-être à frétiller.

– Ou une voix, suggère Félix, qui te donne envie de chanter.

Lucie sourit. Elle aussi a appris plein de trucs.

– On le reçoit lors du baptême. Il est comme une eau qui nous lave et nous fait vivre.

Et elle raconte celui de son petit cousin. Quand elle a fini, tous se tournent vers Anna.

– Et toi, qu'est-ce que tu as découvert ? demandent-ils alors.

– Moi, je veux le rencontrer, répond-elle. Pour cela, je lui ai laissé des messages.

Et elle explique qu'elle a fabriqué des cocottes

en papier. Elle les lance les jours de grand vent. À l'intérieur, elle a écrit :

Cherche Esprit Saint
pour une urgence.
Pour toute réponse, contacter Anna,
servante de messe à Saint-Bruno.

– Ça a marché ? demande Côme un peu moqueur.

Anna soupire :

– Pour l'instant, personne n'a répondu.

Elle les regarde avec ce côté un peu rêveur qui la met à part. Anna vit dans les histoires qu'elle invente dans sa tête. Elle imagine l'Esprit Saint comme un ami avec qui elle pourrait partager tout ce qu'elle vit et tout ce qu'elle rêve de faire. Elle aimerait qu'il l'écoute et qu'il la conseille. Elle voudrait lui confier tous ses secrets et qu'il leur dise comment se réconcilier avec Émile. Tout en l'écoutant, chacun des servants de messe enfile son aube. Le père Martin les rejoint.

– Aujourd'hui, c'est l'Ascension, rappelle-t-il. J'aimerais que tout se passe bien.

Il les regarde, un peu inquiet. Le dimanche précédent, à la messe, il a échappé de peu à une catastrophe. D'abord Félix et Côme qui se rentrent dedans. Ensuite Lucie qui fait des petits bruits bizarres. Il sait bien qu'elle a un appareil dentaire qui la gêne, mais ce n'est pas une raison pour couiner comme une souris. Tous le regardent en promettant de faire leur maximum. Mais sans Émile, c'est difficile.

– Vous avez de ses nouvelles ? interroge le père Martin.

– Il ne veut plus nous parler, avoue Lucie.

Félix a un sourire amer.

– Tom lui suffit. Il n'a plus besoin de nous, murmure-t-il, déçu.

– Tom le vautour, gronde Juliette avec des yeux de folle.

Puis elle se lance dans une série de grimaces comme si elle se transformait en monstre. Ce genre de chose surprend un peu le curé.

Il la regarde avec douceur. Côme aussi s'est approché.

– Tout va bien chez toi ? demande le père Martin à Juliette.

– Tranquille comme jamais, répond Juliette, avec un petit air bravache.

C'est justement ce qui tracasse Côme. Dans leur immeuble, on n'entend plus de cris en provenance de son appartement, juste un silence qui n'en finit plus. Comme le curé fixe Juliette en attendant la suite, elle ajoute, histoire de détourner la conversation.

– Et vous, comment ça se passe l'entrainement de vélo ? On compte toujours venir vous voir pour la course des curés.

Les autres la regardent comme si elle était tombée sur la tête.

– On ne peut plus loger chez Émile, lui chuchote Lucie.

– Et qui pourrait nous y emmener ? continue Félix.

Juliette sourit. Elle a réussi sa manœuvre. Le

père Martin est passé à autre chose. C'est là qu'il se souvient d'un truc :

– Il y a du courrier qui est arrivé pour toi, Anna.

Tous se précipitent.

Sur la petite enveloppe, il y a bien écrit : « Anna, servante de messe à Saint-Bruno ».

– C'est ma réponse, s'exclame Anna ! Je vous avais bien dit que cela marcherait !

Les autres la regardent, un peu étonnés quand même. Vite, elle ouvre l'enveloppe. À l'intérieur, il y a juste un petit mot.

E. S.
Travail en tout genre.
Même difficile. Même impossible.
À votre service.

Anna retourne la carte. Il y a un petit dessin, une montgolfière. Elle est posée dans un coin d'un parc pour enfants. Le vent souffle comme si elle allait s'envoler.

– C’est notre jardin public, celui des Hirondelles, reconnaît Juliette.

– Il n’y a rien d’autre ? demande Lucie qui ne voit rien.

Anna lit : « *Contacter Momo* ».

Les autres servants de messe trouvent cela très bizarre, mais Anna est toute contente.

– C’est super, non ? dit-elle.

Les enfants la regardent un peu gênés. Comment dire à Anna que quelqu’un a voulu lui faire une petite farce ? Quelqu’un qui a reçu un de ses oiseaux en papier et qui a trouvé cela rigolo ? Alors Félix lui lâche, un peu embêté.

– Si l’Esprit Saint s’appelait Momo, ce serait marqué dans la Bible.

Gentiment, il fait signe à Anna de se dépêcher. La procession va démarrer. En un instant, tout le monde se secoue et hop c’est parti. Chacun retrouve sa place : Lucie et la grande croix, Côme et Juliette, Félix avec le Lectionnaire, Anna et enfin le père Martin. Cela tangue toujours un peu, pense le curé en regardant sa petite troupe. Mais qu'est-ce que fait Côme à se tortiller comme ça ? On dirait bien qu'il se balance.

Le prêtre jette un œil acéré sur chacun des servants de messe. Il y a quelque chose de différent en eux, comme un rythme particulier qui les habite. C'est très léger. Personne ne fait attention dans l'assemblée, mais ils sont tous, comment dire... en train d'osciller. On dirait qu'ils dansent. Soudain le père Martin sent ses doigts de pied frétiller. Lui-aussi se laisse entrainer. Il se balance tout doucement en entrant dans son église. « Qu'est-ce qui m'arrive ? songe le père Martin. Voilà que mes servants de messe me font faire des bêtises... » En même temps, l'Ascension est un jour de joie et il se laisse aller.

Dans l'assistance, une seule personne a tout remarqué. L'œil d'Émile a guéri. Il est maintenant fixé sur ses camarades servants de messe. On ne sait pas ce qu'il pense. Les enfants lui jettent des coups d'œil. « Est-ce qu'il commence à avoir des regrets ? » espère Juliette. Le visage d'Émile lui semble un peu moins dur. On dirait presque qu'il a envie de rire. Enfin les enfants s'assoient. Après les prières, vient le temps de la Parole. Les lecteurs proclament les textes du jour à l'ambon. Soudain, les servants de messe dressent l'oreille.

« Vous allez recevoir une force, dit le lecteur, quand le Saint-Esprit viendra sur vous ; vous serez alors mes témoins… jusqu'aux extrémités de la Terre[8]. »

– Une force, répète Lucie, très intéressée.

– Celle de l'Esprit Saint, murmure Juliette, fascinée.

« Voilà sûrement le don de Dieu dont parlait la mère d'Émile », pense Félix.

– Une force, mais laquelle ? demande discrètement Côme.

Pour Félix, c'est tellement évident.

La force, c'est pour gagner contre tous, comme au foot.

Comme il n'en est pas complètement sûr, il se concentre sur l'homélie. Le père Martin a

8. Actes des apôtres 1.

sûrement la réponse. Le prêtre raconte pourquoi cette fête s'appelle l'Ascension. Jésus, après avoir fini sa mission, a dit au revoir à ses amis les disciples. Ensuite il a disparu pour retrouver Dieu.

– Comme les ascenseurs, chuchote Côme. Il est monté directement au ciel.

Le père Martin toussote pour que Côme cesse de faire l'intéressant. Puis il reprend :

– Juste avant de s'en aller, Jésus fait une promesse à ses amis.

Et le père Martin répète les mots de l'Évangile :

« Et moi, je vais envoyer sur vous ce que mon Père a promis[9]. »

– L'Esprit Saint, murmure Juliette.

– Mais les apôtres ne comprennent pas très bien ce qu'annonce Jésus, continue le curé.

« Nous aussi on cherche », pense Félix.

– Ils savourent ce drôle de moment, celui de l'attente, raconte le père Martin. C'est un peu comme s'ils étaient devant un magnifique paquet

9. Luc 24,46-53.

bien emballé et qu'ils ne savaient pas quel cadeau se cachait en-dessous. Ils sont impatients de le découvrir. Que va-t-il leur apporter ?

Alors les servants de messe pensent à ce qu'ils aimeraient recevoir :

« Esprit Saint, donne-moi la force de convaincre Émile », pense Félix.

« Je te confie ma maman, murmure Côme. Et que l'on danse encore longtemps ensemble. »

« Donne-moi du courage, chuchote Juliette, celui de partager ce qui est difficile avec mes amis. »

Quand elle pense à ce qui se passe chez elle, Juliette a envie de pleurer. Elle aurait aimé parler de ce qui la tracasse avec Émile. Avec son petit air sérieux, il l'aurait si bien écoutée. De son côté, Anna sourit. L'Esprit Saint, elle sait comment le rencontrer. Elle ira au parc des Hirondelles et elle cherchera un certain Momo, celui qui se tient près d'une montgolfière. Le reste de la messe file doucement. Au moment où le père Martin prononce les paroles du Christ :

« Ceci est mon corps, livré pour vous »,

les servants de messe s'inclinent. Ils se disent que Jésus leur donne tout ce qu'il a, tout ce qu'il est. Ils ont juste à dire merci.

Les servants de messe suivent ensuite le père Martin sur le parvis. Ils se mêlent aux autres paroissiens. Parmi eux, il y a Émile. Mais il fait exprès de rester à côté de sa mère. Il sait bien que les autres n'oseront pas s'approcher. Mais Félix, d'un coup, en a assez. Et puis surtout, à la fin de la messe, il a senti une idée se glisser dans sa tête. Elle est un peu folle. Dans le doute, il l'explique aux autres. Juliette bondit sur le projet, absolument enchantée. Côme en frétille de joie. Lucie réfléchit puis accepte. Anna sourit.

– Trop chouette, dit-elle.

– On est tous d'accord ? conclut Félix.

Alors il se dirige d'un pas timide vers la famille d'Émile. Là, il salue sa maman et lui propose :

– On a envie d'organiser un grand jeu.

L'air de rien, Émile s'approche.

– Sur l'Esprit Saint, lance Félix. Pour découvrir qui il est.

Les yeux d'Émile et de ses parents brillent soudain.

– Ça vous intéresse ?

Émile s'était promis de ne plus jamais leur parler, mais il ne peut s'en empêcher :

– Peut-être, lance-t-il soudain.

Félix s'éloigne. Et voilà, c'est fait. Émile a fait un premier pas vers eux.

Chapitre 8

À la reconquête d'Émile !

Un jeu pour les réconcilier, telle est l'idée géniale de Félix. Vite, ils vont en parler au père Martin. Celui-ci est tout de suite très emballé.

– Un jeu sur l'Esprit Saint, quelle bonne idée ! répond-il.

Une chouette initiative et qui change des bêtises habituelles. Reste à l'organiser, soupire-t-il. Mais le père Martin est bien trop débordé pour cela. Entre les célébrations et ses entrainements de vélo, il n'a pas une minute de libre. Mais ce n'est pas grave, il leur suffit de demander de l'aide aux gens de la paroisse, propose-t-il.

La petite équipe des servants de messe se frotte les mains. Sans rien dire à personne, ils mettent au point leur jeu. Aucun contrôle. De toute façon, tout le monde trouve leur idée géniale, mais personne n'a le temps d'aider. Cela les arrange bien. Ils préfèrent être tranquilles. La seule chose que leur a demandée le père Martin est que ce soit prêt pour la Pentecôte, la grande fête du don de l'Esprit Saint.

– Tout marche comme sur des roulettes, répondent les enfants à ceux qui aimeraient en savoir plus.

La famille d'Émile est un peu intriguée. Organiser un jeu pareil avec toute la paroisse ! C'est ambitieux, quand même. « Ils vont proposer un truc au ras des pâquerettes », suppose la mère d'Émile. « Cela va être trop facile, pense aussi le papa. De toute façon, le plus fort du caté, c'est quand même mon fils. » Bizarrement, celui-ci se fait du souci. Ce n'est pas une question de connaissance qui l'ennuie. Il est paré à tout avec ses fiches sur l'Esprit Saint. Pourtant, il sent que cela ne suffira pas. Les servants de messe sont totalement zinzins. Donc avec eux, tout est possible, surtout s'il n'est plus là pour leur faire la morale. Alors qu'est-ce qu'ils ont bien pu inventer ?

Au bout d'une semaine, Émile craque. Avec son air toujours un peu raide, il guette Félix à la sortie de l'école. Puis il s'avance comme s'il tombait sur lui par hasard. Tous deux se regardent, un peu timides. Félix voudrait lui crier : « Tu nous as manqué ! » Rien ne lui ferait plus plaisir que de lui sauter au cou. Mais il se retient. Il faut y aller doucement, lui a conseillé Lucie, ne pas l'effrayer par un coup de folie. Leur plan est parfait, pense-t-il. Poussé par la curiosité, Émile va s'intéresser au jeu de loin puis de plus en plus près.

– Hum, toussote Émile, gêné.

Félix sourit parce qu'il le connaît par cœur.

Il brûle de le bombarder de questions. Alors il lui fait un grand sourire pour l'encourager.

– Ce grand jeu..., commence Émile. C'est sur quel thème exactement ?

– On doit faire face à une catastrophe...

– Comment ça ? dit Émile, un peu angoissé. Ce n'est pas du tout ce à quoi il s'attendait.

– On serait des naufragés sur une île, précise Félix avec un petit sourire.

Émile saute sur ses pieds :

– Quel rapport avec la paroisse ? Et avec Jésus ? Et Dieu ? Et surtout l'Esprit Saint ?

Alors Félix explique doucement :

– On nous répète au caté que Jésus nous sauve... On a pris cela au sérieux. Un vrai sauvetage avec du danger et des malheurs. Et le sauveteur, c'est l'Esprit Saint.

Émile soupire, consterné. Ils ont dû s'inspirer d'un truc à la télé, pense-t-il. Quand je ne suis pas là pour les surveiller, ils font n'importe quoi. Puis il demande quelles seront les épreuves. Il espère qu'il n'y aura pas de jeu d'eau. Émile est comme les poules, il déteste être mouillé. Félix le regarde.

– Le but n'est pas d'être le meilleur mais de survivre...

Il a parlé avec un petit ton féroce, comme si des cannibales les guettaient à chaque étape du jeu. Émile frémit. Félix s'amuse beaucoup.

– Qu'est-ce qu'on gagne ? ne peut s'empêcher de demander Émile.

– Ton rêve le plus cher, répond Félix mystérieusement.

Émile s'attendait à un gros lot fourni par un commerçant du quartier, du saucisson, du parfum, une télé... mais pas cela.

Alors Félix lui sourit :

– À ton avis, cela pourrait être quoi ?

« Revenir parmi vous », pense Émile, mais cela, il ne peut pas le lui dire, pas tout de suite. Il n'est pas près d'oublier. Il s'est étalé par terre. Il s'est fait mal. Et même s'ils se sont excusés, il leur en veut toujours. Mais, en même temps, ses amis lui manquent tellement.

– À samedi, lui dit Félix en lui disant au revoir.

Le samedi suivant, les servants de messe accueillent tous les participants. Félix forme deux équipes, les jaunes et les rouges. Émile est dans les jaunes avec sa famille ainsi que Fred ; Joseph et le père Martin dans les rouges. D'une voix sinistre, Juliette leur raconte qu'ils ont fait une croisière et qu'ils ont chaviré en pleine mer. Heureusement, ils ont pu nager et rejoindre une île, mais ils ont tout perdu. Lentement, les vagues rejettent des objets qui vont leur permettre de survivre.

C'est là que Côme fait son entrée en dansant comme s'il était la mer. Dans ses bras, il tient une couverture de survie. Pour trouver cet objet, il faut donner une bonne réponse. La mère d'Émile sourit. Des questions sur l'Esprit Saint, cela lui va très bien ! Anna montre alors un jeu des sept familles.

Et Côme dit : « Dans la famille de Jésus, je demande l'Esprit Saint. »

Anna propose trois cartes possibles. Laquelle est la bonne ?

– Le père, qui fume sa pipe en regardant à la télé le journal du soir ?

– Le fils, qui joue au foot avec ses amis ?

– L'oncle, qui ramène du bout du monde de merveilleux cadeaux ?

La mère d'Émile est consternée. Qu'est-ce que c'est que ces questions ? « J'aurais dû jeter un œil sur ce qu'ils préparaient, songe le père Martin interloqué. L'Esprit dans le jeu des sept familles... Mais quelle idée... »

– L'oncle, lance Émile à la surprise générale, car il nous offre ses dons.

Lui n'est pas surpris par la question. Il s'attendait à un truc pareil.

– Bonne réponse, hurle Juliette toute contente. Et elle lui fait un clin d'œil pour l'encourager. Deuxième question, dit Côme en apportant une gourde d'eau. On représente l'Esprit Saint par des images. Lesquelles ?

Cette fois, c'est Félix qui arrive avec des objets. Côme les liste :

– Un sèche-cheveux ? Un gros coquillage ? Un pot de peinture ? Une chouette en peluche ?

« Ce n'est pas dans le catéchisme, tout ça », gronde la mère d'Émile. « L'Esprit Saint, tout le monde sait qu'on le visualise par l'eau, le vent, une colombe », se rappelle-t-elle. Le curé sourit. Il commence à comprendre et glisse quelques mots à l'oreille de Joseph.

– L'oiseau, répond le père d'Émile, de l'équipe jaune.

– Tous les objets, propose avec audace Joseph, de l'équipe rouge.

– Bonne réponse, équipe rouge, annonce Félix. Et il explique ce que le père Martin avait deviné :

– Un sèche-cheveux pour mettre du vent dans nos vies. Un coquillage pour écouter sa voix, comme on entend quelque chose quand on pose son oreille sur lui. Un pot de peinture pour donner de la couleur à nos vies. Et enfin une chouette parce que cet oiseau représente la sagesse et que l'Esprit Saint nous aide à prendre les bonnes décisions.

– Troisième question, annonce Anna en apportant de la ficelle. Si l'Esprit Saint avait un métier ce serait quoi ?

A. Menuisier comme Jésus ?

B. Postier pour se charger des petits messages d'amour de Dieu ?

C. Journaliste car il est au courant de tout.

D. Dentiste car il a toujours rêvé de fabriquer des appareils dentaires.

On sent que la famille d'Émile est un peu perdue. « Ce n'est pas dans la Bible », ne cesse de répéter la mère. Émile s'accroche.

– Postier, lance-t-il à toute vitesse. C'est lui qui nous envoie des petits signes de la présence de Dieu.

Les servants de messe lui sourient. Bonne réponse. Et les questions continuent, toujours aussi fantaisistes et rigolotes. Certains dans la paroisse font la tête. Il n'est pas très sérieux, ce jeu, pensent-ils. D'autres, comme le curé, le trouvent joyeux et surprenant. À la fin de la première manche, les jaunes ont récupéré une tente, de la ficelle, du bois, une trousse de premiers secours, une boîte de raviolis. Les rouges, eux, ont une gourde, deux sacs de couchage, un couteau et des allumettes.

– Maintenant, annonce Juliette. C'est la deuxième manche : vous devez construire votre campement avec ce que vous avez reçu, mais aussi avec ce qu'il y a autour de vous.

Vite tout le monde se précipite dans les différentes pièces du presbytère pour récupérer plein de trucs. Avec les manuels de caté et des cartons, Fred construit une cabane. Les parents d'Émile ne sont pas très bricoleurs. Alors ils colorient les fenêtres.

L'équipe rouge, sous la conduite de Joseph, assemble un drôle d'échafaudage à base de chaises empilées. Puis ils créent des passages où l'on se faufile en rampant. Le père Martin s'amuse énormément.

– L'important, c'est de s'aider les uns les autres, conseille Côme, en étant attentif à ce que tous participent.

Le curé hoche la tête.

– L'Esprit Saint est ce qui nous réunit, explique le prêtre. Avec son aide et celle des autres, on peut faire de grandes choses.

Lucie regarde Émile. Elle espère qu'il se rappelle toutes les aventures qu'ils ont vécues dans leur petit groupe et qu'il brûle d'envie de les retrouver. Mais Émile reste impénétrable.

– Reste la dernière épreuve, annonce Félix.

La famille d'Émile est au taquet.

– Imaginez qu'une tempête se lève, commence Anna.

Les servants de messe font de grands gestes comme s'ils étaient courbés par le vent.

– La mer monte, continue Juliette. Elle va recouvrir l'île. Que faire pour s'en sortir ?

C'est comme une énigme qu'elle leur lance.

– Un radeau ? propose le père d'Émile, en mettant en commun tout ce qu'on possède.

Les servants de messe se regardent. C'est exactement ce qu'il faut faire.

– J'ai une autre idée, dit soudain Joseph.

Et il lance d'une voix énergique: « Venez avec moi. »

Tous le suivent jusqu'à l'église. Alors il leur ouvre la porte de l'escalier de l'orgue. Et voilà qu'ils se serrent tous en haut. Ils tiennent dans ce petit espace en se tenant les uns les autres.

– La mer monte, dit la maman de Côme, qui est à fond dans le jeu.

– C'est comme si on jouait à la sardine, chuchote Juliette, tellement on est serrés.

– Là, on est à l'abri des vagues, déclare Joseph en présentant à tous son petit paradis.

Tout le monde admire les peintures de la voûte, les anges qui entourent l'orgue et les saints qui dansent tout autour. Joseph est heureux de partager avec eux les trésors de son église. Juliette le regarde. Quelle bonne idée! Mais il manque quelque chose. Elle n'a pas besoin de parler. Il comprend tout de suite. Alors il s'assoit et joue. Il choisit ce même morceau qu'elle avait entendu cet après-midi-là, quand elle était passée le voir. Juliette ferme les yeux. Elle s'envole avec la musique. Lucie est juste à côté d'Émile. Elle hésite. Est-ce que c'est le bon moment ? Elle ne veut pas le brusquer. Il lui a tellement manqué. Elle aimerait le lui dire, mais ne sait pas comment. Soudain, elle sent la petite main d'Émile toucher la sienne et la serrer discrètement. Comme deux amis qui se retrouvent.

Chapitre 9

La surprise de la Pentecôte

Émile a filé sans rien dire et Lucie n'a pas cherché à le retenir. Il avance petit à petit vers eux, pense-t-elle. Il faut juste lui faire confiance. Il reviendra.

– À demain pour la messe de la Pentecôte, se disent les servants de messe.

Et tous repartent. Seule Anna ne prend pas le

chemin de sa maison car elle a un projet secret. Elle veut répondre à celui qui lui a écrit. Est-ce une blague comme le prétendent les autres ? Est-ce l'Esprit Saint lui-même ? Pour le savoir, il lui faut aller voir sur place. Alors, au lieu de rentrer chez elle, elle se dirige vers le parc des Hirondelles. Dans sa main, elle tient cette lettre, avec son dessin de montgolfière et ses mots griffonnés comme un conseil : *Contacter Momo.*

Le parc est tranquille tandis qu'Anna marche dans les allées. Elle observe autour d'elle. Aucune montgolfière à l'horizon. Alors elle insiste, repasse au même endroit plusieurs fois. Ça ne se rate pas, un truc pareil ! C'est quand même très grand, une montgolfière ! Au moment où elle va abandonner, soudain, elle l'aperçoit. C'est un jouet en plastique posé dans le bac à sable, un simple seau avec un couvercle. Il est tout usé. Ce qui a attiré l'attention d'Anna, c'est le dessin sur le plastique : une montgolfière, la même que sur son message. Alors elle ramasse le jouet. Elle soulève le couvercle. À l'intérieur, elle trouve un deuxième message. Quelques mots sur un bout de papier :

« *Le Saint-Esprit est le baiser de Dieu*[10] », lit-elle, interloquée.

Qu'est-ce que cela veut dire ? Anna retourne le papier dans tous les sens, il n'y a rien d'autre. Juste une toute petite signature dans un coin : *Momo.*

Anna glisse le papier dans sa poche. Elle est un peu déçue. Ce n'est pas l'Esprit Saint qui lui a écrit. Elle espérait le rencontrer comme si elle pouvait lui serrer la main, mais il est comme le vent qui passe. On ne peut ni le voir ni le retenir. Pourtant on peut sentir sa présence comme un baiser léger et doux. Voilà ce que voulait gentiment lui faire comprendre celui qui lui a répondu.

Qui est ce Momo ? se demande-t-elle. Pour la première fois, Anna commence à avoir une petite idée. C'est même évident quand elle y réfléchit. Lui seul connaît ce genre de phrase. Alors elle

10. Cette phrase est de saint Bernard de Clervaux.

sourit, sort de ses affaires un stylo et écrit à son tour un petit mot. Elle le glisse dans le seau puis remet le couvercle. Enfin, elle repart comme elle est venue, sans faire de bruit, son jouet à la main. Elle sait où elle va le déposer. Quand elle arrive devant l'immeuble, elle laisse le seau devant la porte. Anna sourit d'un air malicieux. C'est une drôle de façon de se parler, mais parfois c'est comme cela. Il est plus facile de dire certaines choses en s'envoyant des messages.

Soudain Anna sent un truc toucher sa tête. La feuille d'un arbre s'est posée sur ses cheveux. Comme si cet Esprit Saint qu'elle cherche si fort à rencontrer était à ses côtés et lui faisait un petit coucou. Minuscule baiser du ciel, songe-t-elle, légère feuille posée sur sa tête. Anna la retire et la lance dans le vent. Puis elle la regarde s'envoler et tourbillonner.

– Va embrasser quelqu'un d'autre, murmure-t-elle.

Le lendemain, c'est le jour de la Pentecôte. À la sacristie, les servants de messe sont tous arrivés en avance. « Un vrai miracle », pense le père Martin en les accueillant. Et il leur dit :

– Aujourd'hui nous célébrons le jour où Jésus a fait cadeau de l'Esprit Saint à ses amis les disciples et à nous aussi, les baptisés.

Anna pense à cette petite feuille qui est venue tout doucement caresser sa tête tel un baiser. Juliette songe à la musique de Joseph et à ce qu'elle a ressenti alors. Lucie se rappelle la main d'Émile glissée dans la sienne. Félix se souvient du jour où il a affronté le grand dragon. Côme sourit parce qu'il a tant aimé danser avec sa mère. L'Esprit Saint les guide et les protège, pense le curé en les regardant.

Il y a beaucoup de monde dans l'église et c'est la bousculade. Quand enfin la procession démarre, les enfants chantent de tout leur cœur. Le père Martin sourit. On dirait bien que ses servants de messe dansent de joie. C'est très léger, comme un petit rythme qui les entraine encore une fois.

Le curé sourit, tout content. Alors lui aussi s'accorde ce léger balancement. Après tout, c'est la Pentecôte, pense-t-il.

Mais que fait Émile ? Il n'est pas à sa place habituelle dans l'assemblée, entre ses parents, remarque Juliette. La messe va commencer sans lui. C'est bien la première fois ! Soudain, un petit bonhomme en aube fonce discrètement les rejoindre. C'est drôle de voir Émile négligé, lui qui est toujours impeccable. Il s'est décidé au dernier moment, devine Lucie. Et il est même en retard. Mais qu'est-ce qui lui arrive ? Vite, Émile se glisse parmi eux.

Une fois assis, Émile fait comme si de rien n'était. Il se tient droit comme s'il reprenait sa place après une petite absence. Côme et Félix se réjouissent en se demandant ce qui l'a soudain décidé. Lucie se dit qu'il en a eu envie le soir d'avant, à la fin du grand jeu. Seule Anna devine ce qui l'a fait revenir : ce petit mot qu'elle a déposé dans le seau. Et elle fait un clin d'œil à Émile.

Il la regarde et lui sourit. Émile pense à ce

surnom, Momo. C'était celui qu'on lui donnait quand il était petit. Il s'en est souvenu quand il a envoyé cette drôle de lettre à Anna. Un de ses oiseaux en papier avait atterri à ses pieds et il avait eu envie de répondre. Il voulait surtout partager cette jolie phrase découverte pendant ses recherches sur l'Esprit Saint, le baiser de Dieu.

Seule Juliette est mal à l'aise. Elle a l'impression qu'Émile évite de la regarder. Elle se dit qu'elle lui fait un peu peur. « Ce jour-là, quand je l'ai poussé, il a découvert une autre Juliette », se répète-t-elle, violente et brusque. « Il n'aime pas cette Juliette-là », pense-elle avec tristesse. Soudain Émile leur fait signe de se concentrer. C'est le temps de la Parole de Dieu.

Face à l'assemblée, le père Martin lit l'Évangile. Il raconte comment l'Esprit Saint est venu.

– Un bruit survint du ciel, comme un violent coup de vent[11].

Le souffle de Dieu, reconnaît Félix.

---

11. Actes des apôtres 2,2.

Le prêtre lit la suite :

– Alors leur apparurent des langues qu'on aurait dites de feu, qui se partageaient, et il s'en posa une sur chacun d'eux[12].

Puis il explique :

– Ce jour-là, quand l'Esprit Saint est venu à la rencontre des disciples, il était comme une petite lumière posée sur chacun d'entre eux.

« Une lampe de poche pour éclairer leur vie », songe Juliette. Et elle se dit qu'elle en aurait bien besoin.

« Une flamme pour les réchauffer », songe Côme.

Le père Martin reprend :

– L'Esprit Saint a ensuite poussé les disciples à faire des choses extraordinaires. Avec lui, ils étaient capables de parler tous les langages de la terre. Tout le monde les comprenait !

« Ça me serait super utile, soupire Lucie. Moi qui ai tellement de mal avec mes cours d'anglais. »

---

12. Actes des apôtres 2,3.

Félix, comme d'habitude, pense aux footballeurs. Si l'Esprit Saint était parmi les joueurs, qu'est-ce qu'il ferait ? Il leur donnerait le courage de se relever quand ils tombent. Il consolerait les perdants. Il leur soufflerait que tout est possible. Même de gagner la Coupe du monde.

Le curé continue à annoncer les merveilles de l'Esprit Saint :

– Les disciples ont parcouru la terre pour raconter ce qu'ils avaient vécu avec Jésus. Ils ont été très loin. Rien ne pouvait les arrêter.

« L'Esprit Saint, c'est comme un passeport, murmure Côme. Pour aller partout. »

Émile fusille Côme du regard : « Tais-toi », articule-t-il avec ses lèvres sans prononcer de son. « Le dictateur est de retour », soupire Côme en baissant la tête. Bizarrement, il en est tout content. Le curé continue son homélie :

– Au nom du Père, du Fils et du Saint-Esprit, voilà ce que nous disons en priant.

Et il explique pourquoi :

– C'est comme une route pleine d'amour que

nous sommes invités à prendre. Le Père a créé la route, mais aussi tout ce dont nous avons besoin pour marcher. Le Fils nous montre la bonne direction. L'Esprit Saint marche avec nous, avec tous ses dons.

Les enfants trouvent cela fantastique. Seule Juliette ne dit rien. En ce jour de joie, elle se sent lourde et fatiguée. Une petite larme coule sur sa joue. Que pourrait faire l'Esprit Saint pour elle ? « C'est trop tard, trop compliqué. Il y a des choses qui sont impossibles », soupire-t-elle. Elle se sent toute petite, écrasée par ce qu'elle porte, sa colère, son malheur. L'Esprit Saint l'a oubliée, pense-t-elle. Il n'y pas de route pleine d'amour pour elle ou elle ne l'a pas trouvée.

Côme la regarde. Il voit la larme. Quel est ton secret, Juliette ? se demande-t-il. Viens Esprit Saint, pense-t-il. Aide-moi à consoler Juliette.

Chapitre 10

Le secret de Juliette

Le lendemain, Juliette n'est pas à l'école. Est-ce qu'elle est malade ? se demande Côme. À l'heure du déjeuner, il décide de sonner à sa porte. Personne ne répond. Côme s'apprête à repartir, mais il lui semble entendre une respiration. Tout doucement, il colle son oreille contre la porte. C'est Juliette, devine-il. Que fait-elle toute seule ? Alors il sonne encore une fois.

– Juliette ? C'est moi, Côme. Ouvre-moi. Je sais que tu es là.

Un petit moment passe et puis Juliette finit par ouvrir. Côme entre à l'intérieur. Quand il la voit, son cœur se serre. Elle a l'air d'une crevette échouée sur la plage, toute perdue.

– Pourquoi tu restes là dans le noir ?

Alors Juliette avoue d'une toute petite voix :

– Parce qu'à l'école, j'ai envie de pleurer ou de taper tout le monde.

– Pourquoi ? insiste Côme.

Juliette hésite et puis finalement lâche :

– Le jour où j'ai poussé Émile, mes parents ont décidé de se séparer.

Côme lui prend la main et la serre doucement.

– Maman a fait sa valise. Elle est allée chez une amie, pas très loin, précise Juliette. Maintenant, elle dit qu'elle cherche un appartement où on pourrait venir habiter avec elle.

Juliette lance d'une toute petite voix :

– On vivra un peu chez Maman, un peu ici.

Elle a un drôle de petit sourire.

– Je vais m'habituer.

Puis elle lance avec un air de défi :

– Maintenant, je peux faire tout ce que je veux. Personne ne s'en aperçoit.

« Sauf moi », pense Côme.

– Je peux même regarder la télé au lieu d'aller à l'école. Je dis que je suis malade à mon père. Et il me permet de rester à la maison.

« Comment aider Juliette ? » songe Côme. Il se promet d'en parler à sa maman à lui. Côme reste un moment avec son amie, le temps qu'elle aille mieux. Demain matin, il passera la chercher pour qu'ils aillent à l'école ensemble, lui propose-t-il.

Dès son retour chez lui, il appelle à la rescousse les autres membres du club :

– Réunion urgente ! On se retrouve au parc.

Une fois là-bas, Côme leur explique ce qu'il a découvert. Tous se demandent : « Comment aider Juliette ? Que faire pour la réconforter ? »

– Tu crois qu'elle aimerait apprendre à jouer au foot ? essaie Félix.

Les autres soupirent. Si c'est tout ce qu'il a trouvé pour la consoler...

– Je vais lui faire des cookies, décide Lucie.

– Et moi, je vais lui tricoter une écharpe multicolore, dit Anna. Pour qu'elle l'accroche sur saint Bruno.

Toute la rancune d'Émile envers Juliette s'est envolée. Il a maintenant compris pourquoi elle l'a poussé si violemment. Finie la colère. Émile éprouve même du remords pour avoir fait la tête aussi longtemps. Alors soudain, il propose :

– Et si on emmenait Juliette en week-end, pour lui changer les idées ?

– Mais pour aller où ? répond Lucie.

– En Bretagne, rétorque Émile comme si c'était évident. Pour assister à la course des curés.

Aussitôt les autres dressent l'oreille. Comment cela ? La mère d'Émile a changé d'avis ?

– Je croyais que tes parents ne voulaient plus nous inviter ! s'exclame Félix.

Émile prend un air extrêmement gêné.

– Ça n'a pas changé, avoue-t-il, mais...

C’est là qu’il ajoute l’air de rien :

– On peut se débrouiller autrement.

C’est dingue, pense Lucie. Jamais auparavant Émile n’aurait déclaré un truc pareil ! Alors maintenant, quand quelque chose n’est pas permis, on peut « se débrouiller » pour le faire quand même ? Les servants de messe échangent un regard entendu. Il a drôlement changé, Émile.

– Qu’est-ce que tu proposes ? dit Lucie, curieuse de voir ce qu’il a en tête.

Alors Émile explique :

– La course des curés ne passe pas loin de chez nous. Au lieu d’aller dormir chez mes parents, vous pourriez camper dans le champ du voisin. Il est très gentil.

Il continue, tout content.

– Je vous porterai à manger. Il y a un robinet d’eau… enfin, pour les vaches. Vous serez bien installés.

Anna fait la grimace.

– On n’est pas des bêtes.

Mais elle trouve que c’est une super idée.

– Il nous faudrait une tente, calcule déjà Félix.

– Il y a le matériel pour le grand jeu… lui rappelle Anna. On peut piocher dedans.

– Je vous rejoindrai le soir discrètement, ajoute Émile.

C'est tellement peu son style de proposer ce genre de choses que les autres le fixent bouche bée. On a changé leur Émile, pense Félix. Il est devenu aventurier. Seule Lucie ne sourit pas. Elle doit intervenir. C'est vraiment n'importe quoi.

– On ne peut pas partir tout seuls, leur rappelle-t-elle.

Comme cela n'a pas l'air de les gêner, elle pose une question pratique :

– Et comment on va aller jusque-là ?

Anna soupire :

– C'est vrai qu'on n'a pas d'argent pour acheter des billets de train.

– On ne va quand même pas faire du stop ? s'inquiète Côme.

– Bande de poules mouillées, râle Émile.

Encore une fois, les autres le regardent de

travers. D'habitude, c'est lui le raisonnable. Qu'est-ce qui lui prend ?

– Ça plairait tellement à Juliette, soupire-t-il, déçu.

Alors doucement, Lucie le raisonne :

– On ne peut pas se lancer dans un truc pareil sans adulte. Vraiment, ce n'est pas possible.

Et soudain Félix a une idée :

– Si on demandait à mon grand frère de nous y conduire ? Il est fan de courses de vélo.

– Tu crois que nos parents nous laisseront partir avec lui ? questionne tout de suite Anna.

Félix se redresse, vexé.

– Il est super sérieux mon frère.

Lucie fait une petite moue. Elle le connaît. C'est un rigolo, comme Félix. Non, ce n'est pas possible à moins que...

– Et si on montait un groupe dans la paroisse ? propose-t-elle. Tous ensemble pour soutenir le père Martin.

Les autres comprennent tout de suite.

– On sera plusieurs à voyager, comprend Côme.

– Et à planter une tente dans le champ, continue Émile.

– Toute la paroisse en route pour soutenir le curé ! s'exclame Anna.

Félix est à fond. Il s'y voit déjà.

– L'équipe de Saint-Bruno sera chargée d'encourager notre champion. Comme au Tour de France...

Sauf que... pense Lucie. Je ne suis pas sûre que le père Martin soit ravi de nous voir débarquer.

Et elle explique : leur curé n'a pas envie que la moitié de la paroisse se déplace avec des pancartes. Mais Félix balaie sa remarque du revers de la main.

– Un grand sportif a besoin qu'on le soutienne. C'est très important.

– Nos applaudissements vont le faire accélérer, annonce déjà Côme.

– On va aussi prier pour lui, propose Anna. Pour qu'il gagne ! Il ne peut pas refuser !

– Tu crois que ça marche la prière pour arriver premier ? demande Émile toujours curieux.

Côme a un drôle de petit sourire.

– Que l'Esprit Saint propulse notre curé comme une fusée, déclare-t-il d'un ton pénétré.

Et Émile, à la stupéfaction générale, répond : Amen.

Il est capable de plaisanter, découvrent ses amis stupéfaits.

– On va le faire, affirme-t-il ensuite.

Ce soir-là, quand les enfants rentrent chez eux, chacun a une mission : donner envie à ses parents de faire un petit tour en Bretagne pour soutenir le père Martin.

– Il faut le leur glisser dans la tête délicatement, explique Lucie. Comme si c'était leur idée. C'est la meilleure technique.

On sent qu'elle a une certaine expérience dans l'art de « suggérer » des choses. Anna regarde Émile.

– Pour toi c'est plus dur, note-elle avec douceur.

Elle se demande comment il va se débrouiller. Les parents d'Émile risquent d'être surpris. Toute la paroisse dans le champ du voisin ! Et ces servants de messe, dont ils se méfient depuis la blessure de leur fils, seront là aussi.

– J'ai mon idée, répond Émile, sûr de lui.

En réalité, il n'est pas très rassuré. Son père et sa mère ont été clairs :

– On ne veut plus jamais revoir aucun des servants de messe chez nous.

Au fond de lui-même, il sait ce qu'il doit faire. Il lui reste une carte à jouer pour les faire changer d'avis. Bien sûr, il aurait préféré ne pas avoir à s'en servir. C'est pourtant la seule solution. Dans l'ascenseur, il réfléchit à ce qu'il va dire. Il a peur que la colère de ses parents se retourne contre lui. Alors, devant la porte d'entrée, il murmure :

– Viens Esprit Saint, viens me donner du courage.

Toute la soirée, il hésite. Ce n'est qu'au moment où il leur dit bonsoir qu'Émile se décide. Ses parents sont tranquilles. Ils regardent la télé. C'est maintenant ou jamais. Alors Émile toussote pour attirer leur attention. Et il se tasse un peu, en se préparant à affronter la tornade. Sa mère se dresse alors comme un ressort. Émile respire un grand coup. Et il lance :

– Quand on s'est disputés avec les autres servants de messe et que je me suis fait mal... je ne vous ai pas tout dit.

Puis Émile leur explique tout ce qui s'est vraiment passé, ce qu'il avait caché. Juliette ne l'a que légèrement poussé. C'est ce télescope qu'il tenait dans la main qui l'a blessé et pas elle. Et il raconte tout, du début à la fin. Comme prévu, ses parents sont furieux.

– Il aurait pu le dire plus tôt..., protestent-ils. Une simple poussée et il tombe par terre... Il se fait mal tout seul... Mais quel maladroit !

Une fois qu'ils ont bien râlé, le silence se fait. C'est fini, tout est calme. Les parents retournent à leur télé avec leur tête des mauvais jours. Émile hésite encore. Mais tant qu'à dire la vérité, autant y aller à fond, se décide-t-il. Alors il toussote une seconde fois. Là, c'est le père qui se dresse comme un ressort. Alors, à toute vitesse, Émile ajoute :

– J'ai proposé à toute la paroisse de venir camper dans le champ du voisin pour la course des curés.

Les parents le regardent d'un air stupéfait. Au moment où ils vont se mettre à hurler, leurs téléphones sonnent. Le bouche-à-oreille a fonctionné, comprend Émile. Les gens de Saint-Bruno s'intéressent à leur proposition. Et ils appellent parce qu'ils ont plein de questions.

– Quelle bonne idée. On sera ravi de camper dans le champ d'à côté, disent-ils aux parents d'Émile qui n'en reviennent pas.

– Bon, ben, je vais me coucher, glisse Émile, en s'éloignant sur la pointe des pieds.

Quand il se réveille le lendemain matin, Émile se demande comment il va être accueilli. Mais l'ambiance dans l'appartement est plutôt bonne. Ses parents le regardent avec un immense étonnement. Émile le raisonnable est capable d'oser un grand projet. Ils n'en reviennent pas. Bien sûr, cela leur a d'abord fait un choc, mais ils ont eu la nuit pour y penser.

– Une bonne idée, le félicite la mère d'Émile en avalant son café. Soutenir le père Martin, c'est formidable.

Ce n'est pas moi qui l'ai eue, pense Émile, ni même mes amis. Et il pense à ce mystérieux Esprit Saint. Avec son aide, tout peut s'arranger, se dit-il. Juliette va retrouver le sourire. Cela va être un super week-end. C'est là, que son père demande :

– Tu leur as parlé des vaches ?

Chapitre 11

La course des curés

– En dehors des bouses de vache, tout marche comme sur des roulettes, répète Émile en courant dans tous les sens. Il faut juste faire attention où on met les pieds.

Quand il prend le temps de s'arrêter, Émile n'en revient pas de tout ce qu'ils ont réussi à faire. Après la soirée où il a tout raconté à ses parents, ceux-ci se sont mobilisés. Dans le plus grand secret, la consigne a circulé de téléphone en téléphone dans tout le quartier :

– On se retrouve en Bretagne pour la course des curés ! On va faire une surprise au père Martin. Il faut l'encourager à fond les ballons.

Les parents d'Émile ont pensé à tout. Pour emmener les paroissiens en Bretagne, ils ont dressé une liste de conducteurs possibles. Ils ont téléphoné au voisin pour lui demander si on pouvait installer un campement dans son champ. Ils se sont chargés de récupérer les tentes des scouts de la paroisse et de les monter. Ils ont même fait les courses.

Enfin le grand jour est arrivé. Les servants de messe ont voyagé dans différentes voitures le samedi matin. Ils se sont d'abord faits discrets face aux parents d'Émile. Mais, à leur grande surprise, la période où ceux-ci les fixaient d'un air glacé est terminée. Ils les accueillent même chaleureusement.

– Finis les dragons, ose murmurer Félix d'un petit air coquin en passant devant la mère d'Émile.

– Il y en a d'autres, lui lance Lucie.

Et elle lui montre, au bout du pré, les vaches qui les observent. Car si le voisin a bien voulu prêter son champ, il ne pouvait pas déménager ses bêtes. Celles-ci sont tellement contentes d'avoir de la visite ! Alors elles s'approchent comme des curieuses qui ont envie de papoter. Elles mettraient bien leurs têtes dans les tentes.

– Elles sont très douces, ne cesse de répéter Émile aux paroissiens pas très rassurés.

Juliette a envie de les habiller.

– Tu crois que tu aimerais avoir un beau chapeau de soleil ? propose-t-elle à une gentille petite vache qui la suit.

Juliette lui essaie son bob. Aussitôt la vache le fait glisser pour le lécher. Au bout du champ, Joseph dirige les musiciens de la paroisse. Il y a deux trompettes, un cor et des cymbales ! C'est la fanfare de Saint-Bruno ! Ils sont en train de répéter un morceau spécial course des curés.

– Le peloton devrait passer dans l'après-midi, annonce le papa d'Émile, qui se tient au courant.

Juliette sourit. Elle a fait le trajet avec les parents de Côme. Dans la voiture, ils ont parlé de ses difficultés. La maman de Côme l'a écoutée. Puis elle lui a raconté les siennes, cette maladie qui l'épuise. C'est là qu'elle a eu un sourire de défi. Malgré sa fatigue, elle a absolument voulu venir ce week-end. Elle ne pouvait pas rater cela !

– Mais comment fait-elle ? s'est demandé Juliette, admirative.

Alors la mère de Côme a ajouté :

– Je vais te donner mon secret : quand c'est trop lourd, on peut toujours confier ses malheurs à Dieu comme on se libère d'un fardeau. Il suffit de dire : « Viens Esprit Saint. Je n'en peux plus. Viens à mon aide. »

– Qu'est-ce que cela change ? a répondu Juliette.

– Soudain on voit les choses autrement, a expliqué la maman de Côme. Des idées nous viennent. Des amis nous portent secours. L'Esprit Saint nous offre courage et force pour faire face.

Elle sourit. Les parents d'Émile l'ont invitée à venir dormir dans leur maison avec tous ceux qui ne peuvent rester sous la tente. Juliette y repense en observant autour d'elle les gens qui se pressent dans le champ. Elle note les efforts de Félix pour la faire rire, les attentions de Côme, ce petit coin sous la tente arrangé par Lucie. Voici Anna qui la rejoint. Elle a apporté de quoi faire des bulles de savon géantes. Toutes deux font des essais près de l'abreuvoir. Côme regarde Juliette. Elle a parlé longuement avec chacun de ses parents à elle. Ils seront toujours là pour elle, ont-ils promis. Depuis Juliette va mieux.

Une fois que tout le monde a bien profité du pique-nique géant, chacun se remet sur ses pieds. Il faut être en pleine forme pour le passage de la course ! On emporte les panneaux et les banderoles.

– Fermez bien la barrière du pré, recommandent les parents d'Émile.

Un peu plus loin, les servants de messe découvrent un joli coin près d'une rivière. Il y a des arbres et la route passe juste devant. Un lieu parfait pour attendre le passage des cyclistes.

Les paroissiens de Saint-Bruno s'installent à côté d'autres fans de vélo.

– Vous êtes drôlement motivés, dit une dame en découvrant tout leur attirail.

Les servants de messe se redressent super fiers. Ils portent une banderole d'un rouge éclatant avec marquée dessus : « Le curé de Saint-Bruno n'est pas un ramollo ! » Tout le monde est au taquet.

– Les voilà ! crie enfin un monsieur.

La fanfare démarre de toute sa puissance. Toute la paroisse écarquille les yeux pour repérer le père Martin. Soudain, alors qu'ils guettent le bout de la route, une vache meugle de toutes ses forces.

– Qu'est-ce qu'elle fait là, celle-là ? s'exclame Lucie, en la découvrant juste derrière eux.

– Elle s'est glissée en poussant la barrière, comprend tout de suite Émile, catastrophé.

– C'est ma copine, la reconnaît Juliette. Celle qui aime lécher mon bob. Tu crois qu'elle m'a suivie ?

– Elle aussi veut encourager les cyclistes ! devine Émile.

Vite, Juliette se précipite pour l'arrêter, mais elle ne réussit qu'à la freiner un peu. Trop tard. Le peloton fait un écart. Certains s'arrêtent. Tous ralentissent. Personne ne tombe, mais c'est le gros désordre.

– Catastrophe ! se lamentent les gens de Saint-Bruno.

Soudain, ils aperçoivent un retardataire. Il double par la droite tous les cyclistes. Il jette au passage un œil sur la vache, les banderoles, la fanfare. Il a l'air extrêmement surpris.

– Père Martin ! crient tous les paroissiens en le reconnaissant.

Le prêtre pédale encore plus vite et file comme un bolide. Une fois que tout le peloton est passé, les paroissiens de Saint-Bruno se dépêchent de rentrer dans leur pré avec leur vache. Ils sont super gênés de ce qui est arrivé.

– Notre belle surprise s'est transformée en grand n'importe quoi ! gémissent-ils, déçus.

– Le père Martin va dire qu'on a saboté sa course, craignent-ils.

– On lui a fait honte avec cette vache.

– Il a failli se casser la figure lui aussi.

Les parents d'Émile filent à toute allure vérifier que d'autres vaches ne se sont pas échappées. Il ne manquerait plus que toutes les autres aient filé en balade.

– Mais qui a fermé cette barrière comme un cochon ? gronde le père d'Émile.

Évidemment, personne ne lui répond. Celui qui a été négligent ne se fait pas remarquer.

– Pour une fois que ce sont les parents qui font des bêtises, murmure Lucie.

Dans le campement, les parents d'Émile font passer la consigne :

– Personne ne doit savoir qu'on a failli faire dérailler la course.

Le week-end de la surprise est en train de se transformer en week-end catastrophe.

– On ne demande même pas les résultats, ordonne le père d'Émile. On ne se déplace pas pour savoir qui est arrivé premier.

Lentement, le temps passe. Tout le monde

déprime. Mais soudain une voiture s'arrête devant la maison d'Émile. Un grand cri en jaillit :

– J'ai gagné !

Le père Martin sort comme une bombe et explique qu'il a fini premier ! Il raconte qu'il a eu un petit coup de fatigue pendant la course. Il allait se laisser distancer quand soudain il les a aperçus. Ils étaient là devant lui avec toutes leurs pancartes, les banderoles, la fanfare ! Cela lui a donné le courage de redémarrer. Et puis, c'était le bon moment avec cette vache qui a désorganisé le peloton. Il a saisi cette chance et a foncé ! C'est comme cela qu'il a remonté toute la course et fini par arriver premier.

Ce soir-là, le barbecue géant est un immense succès. On félicite longuement le curé. Mais derrière son dos, beaucoup font une petite tape sur la vache, en lui glissant à l'oreille :

– Bien joué ma belle. Il n'aurait jamais réussi sans toi.

Le soir, Juliette et ses amis se blottissent sous leur tente. Ils parlent longuement de ce qu'ils appellent le mystère de la vache.

– Qui s'est occupé de refermer la barrière ? demande Félix.

– C'est ma mère, chuchote Émile.

– Tu en es sûr ? questionnent Côme et Juliette.

– Je l'ai entendue se faire gronder par mon père, répond Émile. Le problème c'est que...

Il hésite :

– Maman lui a juré qu'elle l'avait bien bloquée.

Tous trouvent cela bien mystérieux. Alors Anna ose dire ce qu'ils pensent tout bas :

– Tu crois que c'est l'Esprit Saint ?

Personne ne répond. Qui d'autre sinon ? Juliette a soudain un éclair de génie et elle propose :

– Ça pourrait être la vache. Elle avait l'air super maline.

Tous la regardent comme si elle était particulièrement timbrée.

– Ou alors, ajoute doucement Anna, c'est que ta mère, Émile, s'est trompée.

« Mêmes les dragons peuvent avoir des petits coups de fatigue », pense Félix.

Émile se dresse soudain pour défendre sa maman.

– La porte était peut-être usée, réplique-il, vexé.

– Il suffisait de souffler un peu pour qu'elle s'ouvre, comprend Anna.

– On ne saura jamais, conclut Lucie.

Et ils s'endorment l'un après l'autre. Dans le campement, tout est calme. Seul le père Martin a les yeux ouverts. Dans le noir, il pense à ce que les enfants lui ont raconté, tous ces dragons qu'ils ont dû affronter.

– Maintenant, on a une force secrète, lui a révélé Juliette.

– Avec elle, on peut tout faire, a continué Émile d'un ton joyeux.

Le curé sourit. La force secrète des servants de messe n'est pas une potion magique. On ne peut la saisir ni la mettre sous clé. Elle vient comme un cadeau quand on en a besoin. Et elle danse avec nous les jours heureux.

– Bénis sois-tu, Esprit Saint, murmure le père Martin.

Table des matières

Chapitre 1.	Où sont passés les servants de messe ?	5
Chapitre 2.	Les étranges lunettes d'Émile	17
Chapitre 3.	La fin du club secret ?	31
Chapitre 4.	En quête d'un nouvel allié	41
Chapitre 5.	L'inquiétant Monsieur Joseph	55
Chapitre 6.	Rendez-vous avec un dragon	67
Chapitre 7.	Une surprenante réponse	79
Chapitre 8.	À la reconquête d'Émile !	93
Chapitre 9.	La surprise de la Pentecôte	107
Chapitre 10.	Le secret de Juliette	117
Chapitre 11.	La course des curés	131

pca
cmb
édition pré-presse
livres numériques

44400 Rezé

Achevé d'imprimer chez GRAFICA VENETA, octobre 2022
ISBN : 978-2-85733-568-9
Dépôt légal : octobre 2022